本书获"上海市多语种人才早期培养项目"支持

总主编 于漫

新启航西班牙语
¡VAMOS! 1上

主编 于漫

编者 陆恺甜 姚洁

上海外语教育出版社

SHANGHAI FOREIGN LANGUAGE EDUCATION PRESS

图书在版编目（CIP）数据

新启航西班牙语.1.上 / 于漫主编；陆恺甜，姚洁编. -- 上海：上海外语教育出版社，2023
ISBN 978-7-5446-7815-5

Ⅰ.①新… Ⅱ.①于… ②陆… ③姚… Ⅲ.①西班牙语—自学参考资料 Ⅳ.①H34

中国国家版本馆CIP数据核字(2023)第123685号

出版发行：上海外语教育出版社

（上海外国语大学内）　邮编：200083
电　　　话：021-65425300 (总机)
电子邮箱：bookinfo@sflep.com.cn
网　　　址：http://www.sflep.com
责任编辑：李志力

印　　　刷：上海叶大印务发展有限公司
开　　　本：890×1240　1/16　印张 9.25　字数 158 千字
版　　　次：2023年9月第1版　2023年9月第1次印刷

书　　　号：ISBN 978-7-5446-7815-5
定　　　价：35.00元

本版图书如有印装质量问题，可向本社调换
质量服务热线：4008-213-263

致同学们

亲爱的同学们：

你们好！欢迎你们来到西班牙语学习的世界。

世界第二大通用语西班牙语，是全球21个国家和地区的官方语言，也是联合国工作语言之一。西班牙语形态丰富，音韵和谐，可以为我们认识世界、沟通交流开启窗口。让我们一起使用这本书来学习西班牙语。

这本书共三个单元，每个单元由3课组成。每课包括"开始上课啦""学习主课文""注意关键点""一起来操练""文化小项目""下课前总结"和"请你来吟诵"七个小板块。

开始上课啦（Para empezar） 一些有趣的开场白和互动练习，帮助我们听一听，说一说，想一想，练一练，准备开始每课的语言文化遨游。

学习主课文（A trabajar） 多地域的西班牙语情景素材，带领我们跟着中国学生李明一起，认识世界各地的朋友，学习地道的西班牙语，了解日常生活的点滴，交流中外文化的特点。

注意关键点（Fíjate bien） 这些重要的语言知识点和范例，是帮助我们学习本课语音、语法、表达的小贴士，做练习之前别忘了先巩固一下哦！

一起来操练（A practicar） 这里有与课文内容相匹配的单项技能和多技能融合训练，还有中外文化对比，轮到你来一展身手啦！让我们边学、边练、边巩固，一起学习语言文化知识，讲好中国故事。

文化小项目（Proyecto cultural） 关于西班牙和美洲西班牙语国家你了解多少呢？跟同学们一起来完成文化小项目，用你熟悉的多媒体手段开展自主探究，搜集信息，开动头脑，解决问题。

下课前总结（Para terminar） 大家一起回顾一下本课的要点和任务，看看是否完成了学习目标。

请你来吟诵（Recita） 优美的西班牙语歌谣、金句和经典美文段落，等你来吟诵。

希望这本书给你们带来愉悦的学习体验，陪你们度过快乐美好的学习时光。

编者

ÍNDICE

GRAMÁTICA	FONÉTICA
◆ Los pronombres de sujeto ◆ El presente de indicativo: *llamarse*, *ser* ◆ El género de los gentilicios ◆ El alfabeto	◆ Las vocales: *a*, *e*, *i*, *o*, *u* ◆ Las consonantes: *m*, *n*, *t*, *d*
◆ El verbo: *haber* ◆ El género y el número de los sustantivos ◆ El artículo indeterminado	◆ La división silábica ◆ Las consonantes: *c*, *q*, *z*
◆ El presente de indicativo: *poder*, *entender* ◆ Los interrogativos: *qué*, *cómo* ◆ La perífrasis verbal: *hay que* + *infinitivo*	◆ Las consonantes: *l*, *b*, *v*, *p*
◆ El presente de indicativo: *saber* ◆ Los demostrativos: *este*, *esta* ◆ Los artículos determinados: *el*, *la* ◆ La preposición: *con*	◆ Las consonantes: *r*, *s*, *ñ*
◆ Los demostrativos: *estos*, *estas* ◆ Los artículos determinados: *los*, *las* ◆ El género y el número de los adjetivos ◆ El presente de indicativo: *tener* ◆ Los números: 1–19	◆ Las consonantes: *g*, *j*, *f*, *y*
◆ Los interrogativos: *cuál*, *cuándo* ◆ Los números: 20–100 ◆ Las fechas ◆ La negación	◆ Las consonantes: *h*, *x*, *k*, *w* ◆ Los dígrafos: *ch*, *ll*
◆ El presente de indicativo: *estar*, *llevar* ◆ Los adjetivos posesivos ◆ El interrogativo: *quién(es)* ◆ Las preposiciones: *de*, *a*, *en* ◆ El exclamativo: *qué*	◆ Los diptongos
◆ Los verbos: *haber*, *tener*, *estar* ◆ El adjetivo interrogativo: *cuánto* ◆ Los cuantificadores: *muy*, *un poco*, *bastante*	◆ Los triptongos
◆ Las expresiones de lugar ◆ Los adjetivos y los pronombres demostrativos ◆ Los colores: género y número ◆ La preposición: *para*	◆ Los grupos consonánticos (1)

PERSONAJES

Li Ming

Sara

David

Profesor

Mariana

Miguel

UNIDAD 1   Mi colegio
LECCIÓN 1   ¡HOLA!

En esta lección vamos a aprender a:

* saludar y despedirse
* pedir y dar información sobre el nombre y la nacionalidad
* deletrear

Para ello vamos a aprender:

* los pronombres de sujeto
* el presente de indicativo: *llamarse*, *ser*
* el género de los gentilicios
* el alfabeto
* las vocales: *a, e, i, o, u*
* las consonantes: *m, n, t, d*

A, BE, CE, DE, E, EFE, GE, HACHE, I, JOTA, CA, ELE, EME, ENE, EÑE, O, PE, CU, ERRE, ESE, TE, U, UVE, DOBLE UVE, EQUIS, YE, ZETA.

Para empezar

1. **Escucha y lee.** 边听边读。

1. Profesor: Buenos días, chicos. Este es
    un nuevo compañero.
    Se llama Li Ming.

    Ming: ¡Hola!
    Todos: ¡Hola!

2. Jorge: ¡Hola, Li Mon! Soy
    Jorge, Jorge García
    López.

    Ming: ¡Hola, Jorge! Perdón, no me
    llamo Li Mon. Me llamo Li Ming.

3. Profesor: ¡Hasta mañana, chicos!
    Ming y sus compañeros: ¡Hasta mañana!

4. Pedro, Gabriel y Sara: ¡Hasta Luego, Li Ming!
    Ming: ¡Adiós!

2. **Vas a escuchar unos saludos y despedidas.
   Identifícalos según el orden en el que se oyen.**
   你会听到一些问候和告别用语，请按照录音为它们排序。

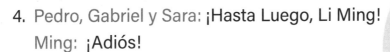

Saludos		Despedidas	
☐	¡Hola!	☐	¡Hasta luego!
1	¡Buenos días!	☐	¡Hasta mañana!
☐	¡Buenas tardes!	☐	¡Hasta pronto!
☐	¿Qué tal?	☐	¡Adiós!
☐	¿Cómo estás?	☐	¡Chao!

A trabajar

3. Escucha y lee el siguiente diálogo para observar el uso del verbo *llamarse*. 边听边读以下对话，并观察动词*llamarse*的用法。

David: ¡Hola, Li Ming! ¿Qué tal?

Ming: Muy bien, gracias. ¿Cómo te llamas?

David: Me llamo David. Encantado.

Ming: Mucho gusto. Oye, ¿cómo se llama ella?

David: Ella se llama María.

4. Completa los diálogos con las formas adecuadas de *llamarse*. Escucha y comprueba. 请用*llamarse*的适当形式填空。听录音并验证你的答案。

1. Profesor: ¿Cómo _____?

   Ema: _____ Ema.

2. Carlos: ¿Cómo _____ ustedes?

   Profesor: _____ Juan.

   Profesora: _____ Isabel.

3. Profesor: ¿Cómo _____?

   Laura: Yo _____ Laura y él _____ Pablo.

4. José: ¿Cómo _____?

   Profesora: _____ Ana.

FÍJATE BIEN | **Gramática**

主格人称代词

yo   tú

usted   él   ella

ustedes   nosotros   ellas   ellos

llamarse

yo	me llamo
tú	te llamas
él, ella, usted	se llama
nosotros, nosotras	nos llamamos
vosotros, vosotras*	os llamáis
ellos, ellas, ustedes	se llaman

* 在拉美国家人们不用这个人称，而只用**ustedes**。

由于西班牙语动词根据三个人称的单复数变位，单数第一、第二人称（yo, tú）和复数第一、第二人称（nosotros/as, vosotros/as）为主语的句子能够从变位动词看出主语，因此通常将主语人称代词省略，例如：*Me llamo María. Tengo una pregunta.* 有时也会加上主语表示强调，例如：¿*No tienes bolígrafo? Pues yo lo tengo.*

5. Escucha y lee el siguiente diálogo para observar el uso del verbo *ser*.
边听边读以下对话，并观察动词*ser*的用法。

David: Tú eres de China, ¿no?

Ming: Sí, soy chino, de Shanghái. ¿Y tú, de dónde eres?

David: Yo soy español, de Madrid.

Ming: ¿De dónde es María?

David: Ella es mexicana. Perdón, Ming. Me llama María. ¡Hasta mañana!

Ming: ¡Hasta luego!

6. Forma parejas de la misma nacionalidad. Luego clasifica las formas según la tabla de al lado. 请将表达相同国籍的句子配对，并将这些形容词归入旁边表格的三个类别中。

1. María es mexicana.

2. Soy china.

3. ¿Eres estadounidense?

4. Ming es chino.

5. Lieve es holandesa.

6. Tom es estadounidense.

7. Nico es holandés.

8. Yo soy mexicano.

FÍJATE BIEN		Gramática
国籍形容词的阴阳性		
-o→-a	+a	形式不变
阳性名词以-o结尾，阴性名词以-a结尾。	阳性名词以辅音字母结尾，阴性名词加a。	阳性名词以-a, -e, -í结尾，阴性名词不变化。
italiano italiana	francés francesa	belga
....	español española	canadiense
....	....	marroquí
....	....	....

ser			
yo	soy	nosotros, nosotras	somos
tú	eres	vosotros, vosotras	sois
él, ella, usted	es	ellos, ellas, ustedes	son

1 — 8   ☐ — ☐

☐ — ☐   ☐ — ☐

7. Escucha y repite el nombre de las letras. 听录音并重复字母的名称。

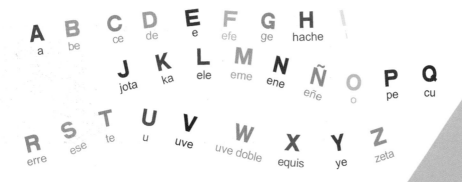

A a   B be   C ce   D de   E e   F efe   G ge   H hache   I

J jota   K ka   L ele   M eme   N ene   Ñ eñe   O o   P pe   Q cu

R erre   S ese   T te   U u   V uve   W uve doble   X equis   Y ye   Z zeta

8. Rodea las letras que oigas. 圈出你所听到的字母。

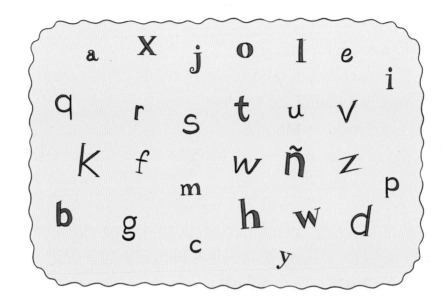

9. ¿Puedes deletrear tu nombre y apellido? 你能拼读出你的姓名吗?

Ejemplo: ele, i, eme, i, ene, ge (Li Ming)

10. Escucha y observa la pronunciación de las vocales *a, e, i, o, u,* **y las consonantes** *m, n, t, d.* 听录音,请注意元音 *a, e, i, o, u* 和辅音 *m, n, t, d* 的发音。

M m

María me limpia las manos.
ma me mi mo mu
am em im om um
ama eme imi omo umu

N n

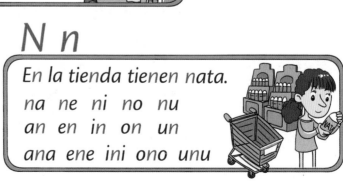

En la tienda tienen nata.
na ne ni no nu
an en in on un
ana ene ini ono unu

T t

Tu *tío* *te* da un *tomate*.
ta *te* *ti* *to* *tu*
ata *ete* *iti* *oto* *utu*

D d

Me *duele* el *dedo*.
da *de* *di* *do* *du*
ada *ede* *idi* *odo* *udu*

 11. Escucha y rodea las letras *m, n, t, d*. 听录音并圈出字母*m, n, t, d*。

1. *M m*

mapa   mula   olmo

Pamela   muela   lomo   palma

María olía la amapola.

2. *N n*

piano   lana   moneda

indio   mando   anda   puente

Nadia se pone las sandalias y se peina la melena.

3. *T t*

maleta   tomate   pelota

tapa   tela   tía   tul

Tú estás en el patio y tomas té con tu tío.

4. *D d*

dados   dátil   tostada

día   dálmata   lado   espalda

A David le duele el dedo todo el día.

FÍJATE BIEN   Fonética

辅音字母 d 的发音
◆ 位于词首或字母 n, l 后发音为 [d]。
◆ 其他情况下发音为 [ð]。

A practicar

12. Escucha y marca si estas personas se saludan o se despiden. 听录音
并标出录音中的人是在问候还是在告别。

	Saludos	Despedidas
1	☐	☐
2	☐	☐
3	☐	☐
4	☐	☐

13. Elige un nombre español y practica con tus compañeros. 挑选一个西
班牙语名并询问你的同学们挑选了什么名字。

Ejemplo:
● ¡Hola! ¿Cómo te llamas?
○ Me llamo...

Chicos	Chicas
Jorge	Clara
Pedro	Ema
Gabriel	María
Carlos	Sara
Juan	Laura
Pablo	Isabel
José	Ana
...	...

14. **Ahora, preséntate a toda la clase y presenta a tus compañeros.** 现在，请向全班介绍你自己和你的同学。

Ejemplo:
● Me llamo Gabriel.
○ Se llama Gabriel. Me llamo Sara.
■ Se llama Gabriel. Se llama Sara. Me llamo Carlos.
...

15. **El juego de "sí" o "no".** 我们来玩一个"是与否"游戏。

16. **Escucha y di "verdadero" o "falso".** 听录音并判断以下句子是否正确。

1. Armando es boliviano.

2. Tamara es cubana.

3. Juan es mexicano.

4. Marta es española.

5. Manuel es argentino.

17. Lee las siguientes palabras. Escucha y marca la palabra que oigas.
朗读下列单词。听录音，划出你听到的词。

	A	B
1	teja	deja
2	dato	dado
3	temas	demás
4	tía	día
5	tos	dos
6	salto	saldo
7	tíos	dios
8	cuatro	cuando

18a. Lee el siguiente texto. 请阅读以下短文。

El español en números

2.ª: El español es la segunda lengua más hablada del mundo.

496 000 000 +: Número de hablantes de español como lengua materna (2022).

20 y 1: El español es una lengua oficial en 20 países:
España de Europa;
México, Cuba, Guatemala, El Salvador, Honduras, Nicaragua, República Dominicana, Costa Rica, Panamá, Colombia, Venezuela, Ecuador, Perú, Bolivia, Paraguay, Chile, Argentina, Uruguay del continente americano;
y Guinea Ecuatorial de África;
y 1 entidad dependiente: Puerto Rico.

62 000 000 +: Número de residentes hispanos en Estados Unidos (2022).

18b. Escribe los nombres de los países hispanohablantes que faltan debajo del nombre de la capital correspondiente. Puedes referirte al texto anterior y un mapamundi. 请在首都名称下写出缺少的西语国家名。你可以参考前文和世界地图。

Caracas	Santiago	Ciudad de Panamá	Quito
			Ecuador
....	....	....	....
La Habana	Buenos Aires	Madrid	Montevideo
		España *español, española*	
....	....		....
Tegucigalpa	Bogotá	Managua	Asunción
Honduras	....	Nicaragua	....
....	....	....	....
Sucre/La Paz	Lima	Ciudad de Guatemala	San Salvador
Bolivia	....	Guatemala	El Salvador
....		....	....
San José	Ciudad de México	Malabo	Santo Domingo
Costa Rica	México	....	República Dominicana
....	....	....	....

18c. Escribe el masculino y el femenino de las nacionalidades anteriores. Pregunta al/a la profesor/a si tienes dudas. 请写出上述国家国籍形容词的阳性和阴性形式。有疑问可向老师提出。

Proyecto cultural

19a. **¿Sabes? El nombre completo de un hispanohablante suele componerse así:** *Nombre(s) + Apellido paterno de su padre + Apellido paterno de su madre.* **¿Sabes analizar los componentes de los siguientes nombres?** 你知道吗？西语国家人的全名是这样构成的：“（单个或多个）名＋父亲的父姓＋母亲的父姓”。你能分析出以下两个人名的各项成分吗？

Gael García Bernal
Ana María Matute Ausejo

19b. **Deduce el nombre completo de los miembros de familia de Adriana según la regla anterior.** 根据上述规则推断**Adriana**的家庭成员的全名。

Adriana Ruiz Martínez   José Antonio Ruiz Martínez

Lorenzo Salas Ruiz   Eva Ruiz Martínez

Antonio Ruiz Peña   Ana Lucía Salas Ruiz

Lucía Martínez Soria   Diego Salas Gallardo

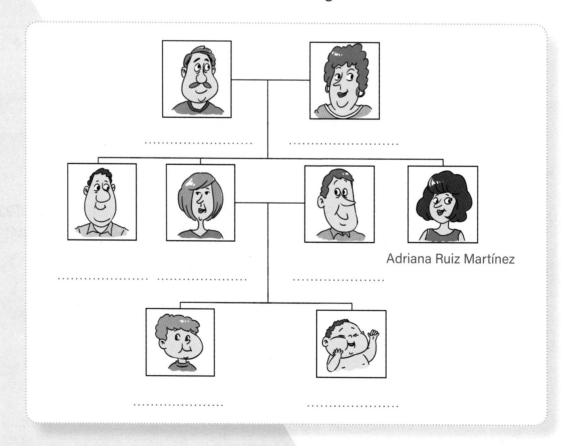

Adriana Ruiz Martínez

19c. **Busca en Internet el nombre completo y la nacionalidad de los siguientes personajes famosos del mundo hispánico.** 上网查找以下西语世界名人的全名和国籍。

Shakira

Shakira Isabel Mebarak Ripoll

colombiana

Penélope Cruz

....

....

Neruda

....

....

Messi

....

....

Borges

....

....

Ferran Adrià

....

....

Ejemplo: Ella se llama Shakira Isabel Mebarak Ripoll.
Es colombiana.

19d. **Ve el video de los saludos en varios idiomas y di la nacionalidad de cada persona.** 请看人们用多国语言问候的视频并说出他们的国籍。

Ejemplo: Ella es china. Él es holandés.

Canta y recita

 Canción del alfabeto

A, be, ce, de, e, efe, ge,
hache, i, jota, ka, ele, eme, ene,
eñe, o, pe, cu, erre, ese, te,
u, uve, uve doble, equis, ye, zeta.
El abecedario ya aprendí.
Ahora canta junto a mí.

¡Buenos días! / 早上好！	¡Hasta luego! / 回头见！
chico, ca / m., f. / 小伙子，小姑娘	adiós / interj. / 再见
este, ta / pron. / 这位，这个	¡Buenas tardes! / 下午好！
un, una / art. indet. / 一个	¿Qué tal? / 你好吗？
nuevo, va / adj. / 新的	¿Cómo estás? / 你好吗？
compañero, ra / m., f. / 同学，同伴	¡Hasta pronto! / 再见！
llamarse / prnl. / 名叫	¡Chao! / 再见！
hola / interj. / 你好	muy / adv. / 很
ser / cop. / 是	bien / adv. / 好
perdón / m. / 对不起，抱歉	gracias / f. pl. / 谢谢
no / adv. / 不，不是	encantado, da / adj. / 很高兴
¡Hasta mañana! / 明天见！	Mucho gusto. / 很高兴。
y / conj. / 和	oye[+] / interj. / 欸（用于引起对方注意）

Para terminar

COMUNICACIÓN	GRAMÁTICA

COMUNICACIÓN

- **Para saludar:** ¡Hola! ¡Buenos días! ¡Buenas tardes! ¿Qué tal? ¿Cómo estás?...

- **Para despedirse:** ¡Hasta luego! ¡Hasta mañana! ¡Hasta pronto! ¡Adiós! ¡Chao!...

- **Para pedir y dar información sobre el nombre:**
  ✓ —¿Cómo te llamas? —Me llamo David. / Soy David.

- **Para pedir y dar información sobre la nacionalidad:**
  ✓ —¿De dónde eres? —Soy de España. / Soy español.
  ✓ —¿Eres de China? —Sí, soy de China. / Sí, soy chino.

- **Para deletrear:** a, be, ce, de, e, efe, ge, hache, i, jota, ka, ele, eme, ene, eñe, o, pe, cu, erre, ese, te, u, uve, uve doble, equis, ye, zeta

GRAMÁTICA

- **Los pronombres de sujeto:** yo, tú, él, ella, usted, nosotros, nosotras, vosotros, vosotras, ellos, ellas, ustedes

- **El presente de indicativo de *llamarse*:** me llamo, te llamas, se llama, nos llamamos, os llamáis, se llaman

- **El presente de indicativo de *ser*:** soy, eres, es, somos, sois, son

- **El género de los gentilicios:**
  ✓ -o/-a: mexicano/mexicana, cubano/cubana
  ✓ +a: español/española, francés/francesa
  ✓ invariable: belga/belga, estadounidense/estadounidense, marroquí/marroquí

- **El alfabeto:** a, b, c, d, e, f, g, h, i, j, k, l, m, n, ñ, o, p, q, r, s, t, u, v, w, x, y, z

Vocabulario

ella *pron.* 她
de / *prep.* / 表示来源
China / *n. pr.* / 中国
sí / *adv.* / 是的, 对
chino, na / *m., f.* / 中国人
Shanghái⁺ / *n. pr.* / 上海
dónde / *adv.* / 哪里, 哪儿
español, la / *m., f.* / 西班牙人
Madrid⁺ / *n. pr.* / 马德里
mexicano, na / *m., f.* / 墨西哥人
llamar / *tr.* / 叫, 呼唤

本书中带⁺号的词为补充词汇

UNIDAD 1　Mi colegio

LECCIÓN 2　EN EL AULA

En esta lección vamos a aprender a:

- identificar objetos y espacios de una escuela
- indicar la existencia
- identificar la sílaba tónica de una palabra

Para ello vamos a aprender:

- el verbo: *haber*
- el género y el número de los sustantivos
- el artículo indeterminado
- la división silábica
- las consonantes: *c*, *q*, *z*

MI COLE ES BONITO. YO VOY A ESTUDIAR. JUGANDO, CANTANDO, LO PASO GENIAL.

Para empezar

1. Escucha y lee. 边听边读。

1. Ming: Mira, Gabriel, ¿qué es esto?
   Gabriel: Es una pizarra digital.

2. David: ¿Es tu mochila?
   Sara: Sí.
   David: ¡Qué chula!

3. Profesor: Oye, Jorge, ¿hay un
             móvil en tu bolsillo?
   Jorge: No, profesor. No hay móvil.
             En mi bolsillo no hay nada.

2. Vas a escuchar unas oraciones. Marca las cosas que hay en el pupitre según la grabación. 你会听到一些句子。请根据录音标出课桌上有的东西。

☐ dos bolígrafos

☐ tres carpetas

☐ dos reglas

☐ tres cuadernos

☐ tres rotuladores

☐ un estuche

☐ un lápiz

☐ una goma

☐ una mochila

☐ unos libros

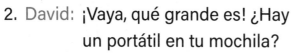

A trabajar

3. **Escucha y lee el siguiente diálogo para observar el uso de los artículos *un*, *una*, *unos* y *unas*, y el verbo *haber*.** 边听边读以下对话，并观察不定冠词*un*, *una*, *unos* 和*unas*，以及动词*haber*的用法。

1. David: Li Ming, ¿es esto un libro?

   Ming: No, no es un libro.

   David: Entonces, ¿qué es esto?

   Ming: Es mi cuaderno.

   David: Vale. Y ¿esto es una mochila?

   Ming: Sí, es mi mochila.

   David: ¿Qué son?

   Ming: Son unos bolígrafos.

2. David: ¡Vaya, qué grande es! ¿Hay un portátil en tu mochila?

   Ming: No, no hay portátil en mi mochila. Pero hay unas carpetas y unos libros.

   David: ¿Ya hay muchos materiales en las carpetas?

   Ming: ¡Qué va! Hoy es mi primer día de clase. No hay nada en mis carpetas.

   David: Vamos, ya es hora de clase.

> **FÍJATE BIEN**   Gramática
>
> 动词**haber**
> 动词haber的无人称变位形式**hay**用于表示存在，通常与un(o), una, dos, tres……连用。
> ● ¿Qué hay en el aula?
> ○ Hay **un** estante, **dos** mesas…

4. **Según el texto, ¿qué cosas tiene Li Ming para su primer día de clase?** 根据课文，李明第一天上课带了什么？

Un ....

Una ....

Unas ....

Unos ....

5. **Aquí tienes los nombres de los objetos de la clase y los personales. Con tu compañero/a, buscad los objetos en el dibujo y nombradlos.** 下面有一些与课堂用品和个人物品相关的单词。请和你的同学一起在图中找出这些物品，并念出它们的名称。

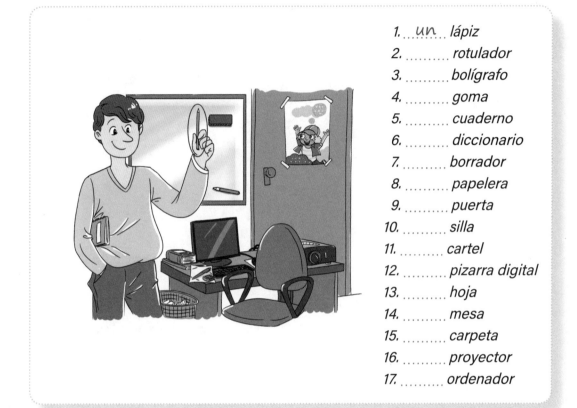

1. *un* lápiz
2. .... rotulador
3. .... bolígrafo
4. .... goma
5. .... cuaderno
6. .... diccionario
7. .... borrador
8. .... papelera
9. .... puerta
10. .... silla
11. .... cartel
12. .... pizarra digital
13. .... hoja
14. .... mesa
15. .... carpeta
16. .... proyector
17. .... ordenador

FÍJATE BIEN　　　　　　　　　Gramática

名词的阴阳性		不定冠词		
阳性	阴性		阳性	阴性
以 -o/-or结尾的单词：un amigo, un profesor 例外：una foto, una flor...	以 -a/-ad结尾的单词：una lengua, una ciudad 例外：un día, un mapa...	单数	un	una
		复数	unos	unas

6. **Completa con el artículo indeterminado los nombres anteriores.** 将上一个练习中的不定冠词补充完整。

7. Completa con las palabras adecuadas. 将下列短语填写完整。

Singular		Plural
un libro	⟶	unos libros
una carpeta	⟶	.... carpetas
.... cuaderno	⟶	unos cuadernos
una papelera	⟶	unas ....
un cartel	⟶	muchos ....
.... borrador	⟶	dos ....

FÍJATE BIEN	Gramática
	名词的复数

单数形式	复数形式
以元音结尾的名词: cuaderno, carpeta	加 s: cuadernos, carpetas
以辅音结尾的名词: ordenador, cartel	加 es: ordenadores, carteles
以 z 结尾的名词: lápiz	将 z 改成 c, 加 es: lápices

8. Completa los diálogos con la forma adecuada del verbo *haber*. Escucha y comprueba. 用动词 *haber* 的适当形式填空。听录音验证你的答案。

1. Jorge: ¿Qué hay sobre tu mesa?

   Sara: Sobre mi mesa _____ un bolígrafo.

2. Luis: ¿_____ sillas en el aula?

   Profesor: Sí, pero solo _____ dos sillas.

3. Profesor: ¿Hay algún problema?

   Alumnos: No, no _____ problema.

9. Escucha y observa la pronunciación de las consonantes *c, q, z*. 听录音，请注意辅音 *c, q, z* 的发音。

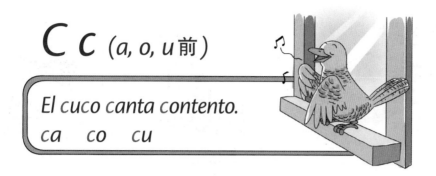

C c *(a, o, u 前)*

El cuco canta contento.
ca　co　cu

C c *(e, i 前)*

Los niños están felices porque cae agua del cielo.
ce　ci

Q q

Raquel come un poco de queso.
que　qui

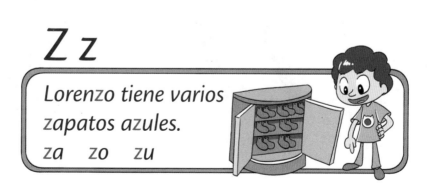

Z z

Lorenzo tiene varios zapatos azules.
za　zo　zu

10. Escucha y rodea las letras *c, q, z.* 听录音并圈出字母 *c, q, z*。

1. *C c*: *ca, co, cu*

cama   foca   saco

caimán   café   escudo   camisón

En canoa, en cohete o en camión, Sara pasea con ilusión.

2. *C c*: *ce, ci*

Para cenar Cecilia quiere cebolla.

lápices   cielo

3. *Q q: que, qui*

caqui

quiosco

paquete

etiqueta   banqueta   quimono   quinto

4. *Z z: za, zo, zu*

En el bosque hay un erizo, un zorro y una garza.

En el mar hay un buzo, un pez azul y una bonita merluza.

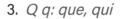 **11. Escucha y observa las siguientes palabras. Intenta buscar las reglas de la sílaba tónica.** 观察以下单词的音节构成，听读音，并标出它们的重音音节，尝试总结出单词的分音节规则和重音规则。

es cri <u>bir</u>   Cu ba

ma dre   E cua dor

es pa ñol   Fá ti ma

es pa ño la   nom bre

her ma no   chi ca

FÍJATE BIEN	Fonética

单词分音节规则
◆ 辅音字母优先与后面的元音字母组成一个音节。
◆ 辅音字母后面如果没有元音字母，则与前面的元音字母组成一个音节。

重音规则
◆ 以元音或辅音n, s结尾的单词，重音位于倒数第二个音节。例如：
Colombia   comen   Honduras
◆ 以其他辅音结尾的单词，重音位于倒数第一个音节。例如：
Valladolid   Salvador
◆ 如果单词本身带有重音符号（´），则重音位于带有重音符号的音节。例如：
Ramón   dieciséis   república

A practicar

12. **Busca en la sopa de letras seis palabras que has aprendido en esta lección.** 请找出你在本课学到的六个单词。

13. **Practica con tu compañero/a siguiendo el ejemplo.** 仿照示例和同学互相提问并回答。

Ejemplo: ● *¿Hay un cuaderno?*
○ *No, pero hay un libro.*

1.

2.

3.

4.

5.

6.

14. Escucha las palabras y escríbelas en la columna correspondiente. Después, transfórmalas en plural. 听录音，将单词写入相应的栏中，并将其变为复数。

阳性 Masculino	阴性 Femenino

15. Escucha las palabras y escríbelas en la columna correspondiente. 听录音，将单词写入相应的栏中。

[k] como *carpeta*	[θ] o [s] como *pizarra*

16. Escribe las palabras que conozcas con las sílabas fuertes marcadas a continuación. 请写出你所认识的符合以下重音分布的词。

17. Escucha estas palabras y marca en cada caso la sílaba fuerte. 听录音，
标出以下单词的重读音节。

1. no ve na

2. so fá

3. quí mi ca

4. com pa ñe ro

5. In ter net

6. car te ro

7. mú si ca

8. in glés

9. dor mir

18a. Lee el siguiente texto. 请阅读以下短文。

Instituto Lope de Vega

Somos un pequeño centro con:

-25 aulas

-2 patios

-1 biblioteca

-1 gimnasio

-1 pequeño comedor

-1 cafetería abierta

Actividades

Las actividades extraescolares del centro:

-Lectura: leer y comentar libros.

-Internet: buscar información.

-Intercambio con institutos ingleses y franceses.

-Actividades deportivas: hacer gimnasia o yudo, jugar al baloncesto o al fútbol.

18b. Relaciona las fotos con los espacios mencionados en el texto. 将图片与文中所提的学校设施联系起来。

Ejemplo: La foto ⓐ es un pequeño comedor.

18c. Compara los espacios y las actividades del Instituto Lope de Vega con los de tu colegio y comenta cuáles son las que también hay en tu colegio y cuáles no. 对比这所学校与你的学校，说说哪些设施与活动在你的学校也有，哪些没有。

Ejemplo: En mi colegio también hay actividades
         deportivas, pero no hay yudo.
         En mi colegio hay una biblioteca también,
         pero cafetería, no.

Proyecto cultural

19a. *El Chavo del Ocho* es una famosa serie de televisión cómica emitida entre 1973 y 1980. Igual que *Friends*, mundialmente popular, evoca buenos recuerdos de la infancia a muchos mexicanos, e incluso latinoamericanos. Actualmente se sigue retrasmitiendo principalmente en América Latina. De esta se deriva una serie animada. Describe con estructuras conocidas los siguientes personajes. 墨西哥知名情景喜剧《八号男孩》于1973至1980年期间播出。就像风靡全球的《老友记》，是墨西哥人、乃至许多拉美人心目中童年珍贵的回忆，如今仍在许多国家反复播出。该剧衍生出一部动画片。请上网查找资料，用你已知的句型介绍下图中的动画人物。

Ejemplo: Él se llama Chavo. Es...

19b. Mira un fragmento de *El Chavo del Ocho* y nombra los objetos que ves en el aula. 请看剧中的一个片段，并说出你在教室中看到的物品名称。

19c. **Las aulas de ahora son muy diferentes de las de la época de la serie. Di qué hay en tu aula que no hay en la serie y qué ya no hay.** 如今的教室已经和剧中那个年代的教室大不一样。说说你教室里的物品与当时的有什么不同。

Canta y recita

 Mi cole

Mi cole es bonito.
Yo voy a estudiar.
Jugando, cantando,
lo paso genial.

Mi cole, mi cole,
¡qué bonito es!
Dentro y fuera,
lo paso muy bien.

Mi cole es bonito.
Yo voy a estudiar.
Jugando, cantando,
Lo paso genial.

Mi cole, mi cole,
¡qué bonito es!
En él yo me muevo
y descanso también.

Mi cole es bonito.
Yo voy a estudiar.
Jugando, cantando,
lo paso genial.

aula / f. / 教室
qué / pron. / adj. / 什么；多么
esto / pron. / 这
pizarra digital+ / 电子白板
mochila / f. / 背包
chulo, la+ / adj. /〈口〉好看的
haber / impers. / 有
móvil / m. / 手机
bolsillo / m. / 口袋
profesor, ra / m., f. / 老师
nada / pron. / adv. / 任何东西，无；
　　一点都没有

dos / num. / 二
bolígrafo / m. / 圆珠笔
tres / num. / 三
carpeta / f. / 文件夹
regla / f. / 尺
cuaderno / m. / 本子
rotulador+ / m. / 记号笔
estuche+ / m. /（铅笔）盒，（笔）袋
lápiz / m. / 铅笔
goma / f. / 橡皮
libro / m. / 书
entonces / conj. / 那么

Para terminar

COMUNICACIÓN	GRAMÁTICA
◆ **Para identificar objetos de una escuela:** ✓ —¿Qué es esto? —Es una pizarra digital. ✓ —¿Es esto un libro? —No, no es un libro. Es un cuaderno. ◆ **Para indicar la existencia:** ✓ —¿Qué hay en tu mochila? —Hay unas carpetas en mi mochila. ✓ —¿Hay un móvil en tu bolsillo? —No, no hay móvil. No hay nada en mi bolsillo.	◆ **El género de los sustantivos:** ✓ Masculinos: libro, diccionario, bolígrafo (-o); rotulador, borrador, ordenador (-or) ✓ Femeninos: goma, papelera, agenda (-a); edad, ciudad, verdad (-dad) ✓ Excepciones: foto, moto, flor, día, mapa… ◆ **El número de los sustantivos:** ✓ +s: cuaderno → cuadernos, puerta → puertas ✓ +es: cartel → carteles, proyector → proyectores ✓ z → ces: lápiz → lápices, pez → peces ◆ **El artículo indeterminado:** un libro → unos libros, una mochila → unas mochilas

Vocabulario

vale[+] / *interj.* / 好的	**clase** / *f.* / (一节)课
vaya[+] / *interj.* / 哇(表惊叹)	**hora** / *f.* / 时间
grande / *adj.* / 大的	**diccionario** / *m.* / 词典
portátil[+] / *m.* / 手提电脑	**borrador**[+] / *m.* / 黑板擦
pero / *conj.* / 但是	**papelera**[+] / *f.* / 废纸篓
ya / *adv.* / 已经	**puerta** / *f.* / 门
mucho, cha / *adj.* / 很多的	**silla** / *f.* / 椅子
material / *m.* / 材料	**cartel** / *m.* / 海报
¡Qué va![+] / 才不是!	**hoja** / *f.* / (纸)张
hoy / *adv.* / 今天	**mesa** / *f.* / 桌子
primero, ra / *adj.* / 第一	**proyector**[+] / *m.* / 投影仪
día / *m.* / 日,天	**ordenador** / *m.* / 电脑

UNIDAD 1   Mi colegio

LECCIÓN 3   LAS ACTIVIDADES DE CLASE

En esta lección vamos a aprender a:

◆ **participar en clase**

◆ **usar *tú* y *usted***

Para ello vamos a aprender:

◆ **el presente de indicativo:** *poder*, *entender*

◆ **los interrogativos:** *qué*, *cómo*

◆ **la perífrasis verbal:** *hay que* + *infinitivo*

◆ **las consonantes:** *l*, *b*, *v*, *p*

¡HASTA MAÑANA! ¡HASTA MAÑANA! ESTE DÍA TERMINÓ. ADIÓS, ADIÓS, ADIÓS, ADIÓS.

Para empezar

1. Escucha y lee. 边听边读。

1. Hay que entender las palabras del profesor.
2. No hay que hablar en voz alta.
3. Hay que leer el texto.
4. Hay que explicar esto.
5. Hay que escuchar al profesor.
6. No hay que escribir en inglés.
7. Hay que preguntar y contestar en español.

2. Vas a escuchar unas frases de uso frecuente en las clases. Indica quién dice cada una de ellas y numéralas según el orden de la grabación. 你将听到一些常见的课堂用语。请指出它们分别是谁说的，并且根据录音里的顺序写出序号。

☐ Vamos a abrir el libro por la página tres. ☐

M Una pregunta. 1   ☐ Dime. ☐

☐ No puedes hablar en chino en clase de español. ☐

☐ Vamos a ver. ☐   ☐ ¿Entendéis? ☐

☐ ¿Cómo? ☐   ☐ Perdón, no entiendo. ☐

☐ Esto es todo por hoy, hasta mañana. ☐

☐ ¿Puedes hablar en voz alta, por favor? ☐

P

M

A trabajar

3. **Escucha y lee el siguiente diálogo para observar el uso de los interrogativos *cómo* y *qué*, los pronombres personales *tú* y *usted*, y la perífrasis verbal *hay que*.** 边听边读以下对话，并观察疑问词*cómo*和*qué*，人称代词*tú*和*usted*，以及动词短语*hay que*的用法。

1. Jorge: Oye, Li Ming, ¿entiendes esto?
   Ming: No, no entiendo.

2. Profesor: ¡Silencio, silencio, por favor! Ahora vamos a abrir el libro y vamos a leer el texto.

3. Pedro: Gabriel, una pregunta, ¿cómo se dice esto en español?
   Gabriel: Se dice "pizarra".

4. Isabel: ¿Qué significa "silencio"?
   María: Significa "no hablar".

5. David: ¿Puedo hablar en inglés?
   Sara: Hombre, en clase de español hay que hablar en español.

6. Ken: Profesor, ¿puede usted explicar esta palabra otra vez?
   Profesor: Bueno...

4. Completa los siguientes diálogos con las frases adecuadas en el texto de la actividad 3. 在上文中寻找相应的语句，完成下列对话。

1. A: _____.
   B: Dime.

2. A: ¿_____ significa esta palabra?
   B: Pues yo no sé.

3. A: ¿Entiendes esta oración?
   B: No, no _____.

4. A: Señor, ¿_____ usted escribir la palabra en la pizarra?
   B: Vale.

5. A: ¿_____ se dice "usted" en chino?
   B: Se dice *nin*.

6. A: Vamos a _____ el libro y vamos a _____ el texto en voz alta.
   B: Perdón, profesor, pero no tengo el libro.

FÍJATE BIEN		Gramática	

		entender		
yo	entiendo	nosotros, nosotras	entendemos
tú	entiendes	vosotros, vosotras	entendéis
él, ella, usted	entiende	ellos, ellas, ustedes	entienden

		poder		
yo	puedo	nosotros, nosotras	podemos
tú	puedes	vosotros, vosotras	podéis
él, ella, usted	puede	ellos, ellas, ustedes	pueden

动词短语 **poder+infinitivo**
¿Puede explicar el texto otra vez?

5. **Completa con los pronombres personales y relaciónalos con la conjugación correspondiente de *llamarse, ser, poder y entender*.** 将以下人称代词填写完整，并把它们与*llamarse, ser, poder*和*entender*的相应人称变位形式连起来。

yo   puede

....   nos llamamos

él, ella, ...   entendéis

............................., nosotras   soy

vosotros, ...   puedes

ellos, ellas, ustedes   son

6. **Observa los siguientes dibujos y relaciona las preguntas de *qué* y *cómo* con los dibujos.** 观察下列图片，将带有疑问词*qué*和*cómo*的问句与图片联系起来。

□ 1. ¿Qué es esto?

□ 2. ¿Cómo te llamas?

□ 3. ¿Qué significa esta palabra?

□ 4. ¿Cómo se pronuncia esta letra?

□ 5. ¿Qué hay en tu mochila?

FÍJATE BIEN Gramática

疑问词 **qué**
¿Qué es esto?
¿Qué hay en...?
¿Qué significa...?

疑问词 **cómo**
¿Cómo te llamas?
¿Cómo se pronuncia (se dice, se lee, se escribe)...?

动词不定式
西班牙语的动词不定式以 **ar**, **er**, **ir** 结尾。
例如：**hablar**, **ser**, **abrir**。

动词短语 **hay que + infinitivo**
Hay que hablar bien.

7. Escucha y observa la pronunciación de las consonantes _l_, _b_, _v_, _p_. 听录
音，请注意辅音 _l_, _b_, _v_, _p_ 的发音。

L l

> Luis olió la lila.
> la   le   li   lo   lu
> al   el   il   ol   ul
> ala   ele   ili   olo   ulu

B b

> Isabel bota el balón.
> ba   be   bi   bo   bu
> aba   ebe   ibi   obo   ubu

V v

> En Navidad veo la televisión
> con Vicente.
> va   ve   vi   vo   vu
> ava   eve   ivi   ovo   uvu

P p

> Pablo lee el papel.
> pa   pe   pi   po   pu
> apa   epe   ipi   opo   upu

8. Escucha y rodea las letras *l*, *b*, *v*, *p*. 听录音并圈出字母 *l*, *b*, *v*, *p*。

1. *L l*

ola   ala   ele

olía   lío   lila   leía

Leo lee a Elia.

El lío lía a Ali.

2. *B b*

búho   boda   botón

bolsa   bolo   labios   bote

Isabel bebe un batido
y Sara toma unos bombones
muy buenos.

3. *V v*

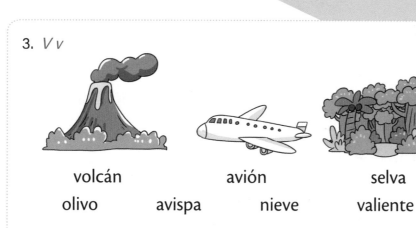

volcán   avión   selva

olivo   avispa   nieve   valiente

El viento mueve el velero.

Va y viene, viene y va, como las olas del mar.

4. *P p*

polo   pelo   pulpo

pila   pie   poleo   piel

Papá pela la pipa
y mamá pela la patata.

FÍJATE BIEN   Fonética

辅音 b, v 的发音
◆ 辅音字母 b, v 的发音相同。
◆ 当字母 b, v 在词首或者在 m, n 后面时，发 [b]。
◆ 其余情况下，b, v 发 [ß]。

A practicar

9. Eva está hablando con su amiga Marta. ¿Qué pronombre usa para hablar de las siguientes personas? Eva 在和她的朋友 Marta 说话。她用什么人称代词谈及以下这些人呢?

Eva	.............yo.............
1. Eva y Marta	nosotras
2. Marta y David	....
3. David	....
4. David y Ema	....
5. Marta	....
6. Marta y Ema	....
7. David y Diego	....
8. Ema y Lucía	....
9. Eva y David	....
10. Lucía	....

10. Escucha y di el pronombre o los pronombres personales que corresponden al verbo conjugado. 听录音,说出与变位动词相应的人称代词。

11. Practica con tu compañero/a. 与你的同学进行练习。

1. ¿Cómo se dice... en español?

Ejemplo:
- *¿Cómo se dice 黑板 en español?*
- *Se dice "pizarra".*

2. ¿Qué significa...?

mochila, papelera, portátil, goma, diccionario

Ejemplo:

- *¿Qué significa "mochila"?*
- *Significa 书包.*

3. ¿Cómo se escribe...?

regla, cuaderno, silla, tarjeta, bolígrafo

Ejemplo:

- *¿Cómo se escribe "regla"?*
- *Erre, e, ge, ele, a.*

4. ¿Qué es esto?

Ejemplo:

- *¿Qué es esto?*
- *Es un rotulador.*

5. ¿Cómo se pronuncia esta palabra?

proyector, material, agenda, cartel, papelera

Ejemplo:

- *¿Cómo se pronuncia esta palabra?*
- *Proyector.*

12. Escucha y marca la palabra que oigas. 划出你听到的词。

	A	B
1	baja	paja
2	bala	pala
3	baño	paño
4	bata	pata
5	basta	pasta
6	beso	peso
7	baso	paso
8	vista	pista

13a. Lee el siguiente texto. 请阅读以下短文。

NORMAS DE CLASE

1. – Ser puntual al entrar a clase después del recreo.

2. – Entrar a clase con normalidad sin correr.

3. – Levantar la mano para hablar.

4. – Escuchar a los compañeros.

5. – Cuidar el material propio y el de la clase.

6. – Mantener mi material y el de clase ordenado.

7. – Preguntar las dudas que tenga.

8. – No reírse de los fallos o errores de los compañeros.

9. – Sentarse correctamente en la silla.

10. – Pedir permiso para levantarse del sitio.

13b. Según el texto, ¿qué hay que hacer en clase y qué no se puede hacer en clase? Pregunta al/a la profesor/a si no entiendes alguna palabra o frase. 请根据短文说出哪些是课堂上应该做的，哪些是不能做的。如果有不懂的词，可以向老师询问。

Ejemplo: Hay que levantar la mano para hablar.
No hay que correr en clase.

13c. Elige tres normas de clase que te parezcan más importantes e intenta añadir una tuya. 请选出你认为最重要的三条课堂行为规范，并试着添加一条你自己制定的规范吧。

Proyecto cultural

14. Generalmente se usa *usted* (formal) con personas mayores, no conocidas o autoridades. Se usa *tú* (informal) entre familiares, amigos o personas jóvenes. En España el tratamiento de *tú* está más extendido que en América Latina, no solo entre gente joven, sino de todas las edades, en el trabajo, en tiendas, etc. Observa las siguientes viñetas y di qué tratamiento se usa en cada situación. 通常来说，我们在与老年人、陌生人和领导说话时使用usted（正式）；在家人、朋友和年轻人之间的对话中使用tú（非正式）。较之在拉丁美洲，tú在西班牙的使用范围更为广泛，不仅在年轻人中间，各个年龄段的人都习惯以tú相称，在工作、商店等环境中也是如此。请观察以下漫画并说出在每个场合应选用tú还是usted。

15. Escucha estos diálogos y señala el tratamiento. 听以下对话并指出人物所使用的人称。

	tú	usted
1		
2		
3		
4		
5		
6		

Canta y recita

▶ ¡Hasta mañana!

¡Hasta mañana!
¡Hasta mañana!
Este día terminó.
Levanto mi mano.
Muevo la mano
y con ella digo adiós.
Adiós, adiós, adiós, adiós, adiós.

hay que + inf. / 应该……	**escribir** / *tr.* / *intr.* 写；写作
entender / *tr.* / 理解，懂	**inglés** / *m.* / 英语
palabra / *f.* / 单词	**preguntar** / *tr.* / *intr.* / 提问
hablar / *intr.* / *tr.* / 说话；说（某种语言）	**contestar** / *tr.* / *intr.* / 回答
en voz alta[+] / 大声地	**español** / *m.* / 西班牙语
leer / *tr.* / 读	**pregunta** / *f.* / 问题
texto / *m.* / 课文	**Dime.**[+] / 告诉我。
explicar / *tr.* / 解释	**ir a + inf.** / 即将……
escuchar / *tr.* / *intr.* / 听	**ver** / *tr.* / 看，看见

Para terminar

COMUNICACIÓN	GRAMÁTICA
◆ **Para preguntar cómo se dice algo en español**: ¿Cómo se dice 黑板 en español?	◆ **El presente de indicativo de *poder***: puedo, puedes, puede, podemos, podéis, pueden
◆ **Para preguntar el significado de una palabra**: ¿Qué significa "mochila"?	◆ **El presente de indicativo de *entender***: entiendo, entiendes, entiende, entendemos, entendéis, entienden
◆ **Para pedir el deletreo de una palabra**: ¿Cómo se escribe "regla"?	◆ **El interrogativo *qué***: ¿Qué es esto? ¿Qué hay en tu estuche? ¿Qué significa "silla"?
◆ **Para pedir la pronunciación de una palabra**: ¿Cómo se pronuncia esta palabra?	◆ **El interrogativo *cómo***: ¿Cómo te llamas? ¿Cómo se pronuncia esta palabra? ¿Cómo se lee esta oración? ¿Cómo se escribe "lápiz"?
◆ **Para pedir la lectura de una oración**: ¿Cómo se lee esta oración?	◆ **La perífrasis verbal *hay que + infinitivo***: Hay que hablar en voz alta. No hay que correr en el aula.
◆ **Para decir que no entiendes algo**: No entiendo esta palabra/oración.	
◆ **Para pedir algo al/a la profesor/a**: ¿Puede escribir la palabra en la pizarra?	

Vocabulario

abrir / *tr.* / 打开

cómo / *adv.* / 怎样，怎么

poder + inf. / 能够……

silencio / *m.* / 安静

ahora / *adv.* / 现在；立刻

decir / *tr.* / 说

significar / *tr.* / 意思是

hombre / *interj.* / 表示惊讶或感叹

otra vez / 再一次，重新

bueno / *interj.* / *adj.* / 好吧；好的

oración / *f.* / 句子

señor, ra / *m., f.* / 先生，女士

UNIDAD 2   Los amigos

LECCIÓN 4   TE PRESENTO A LOS NUEVOS AMIGOS

En esta lección vamos a aprender a:
- presentar a alguien
- saludar en una presentación
- reaccionar a una presentación

Para ello vamos a aprender:
- el presente de indicativo: *saber*
- los demostrativos: *este*, *esta*
- los artículos determinados: *el*, *la*
- la preposición: *con*
- las consonantes: *r*, *s*, *ñ*

ERRE CON ERRE CARRETA,
CON ERRE BARRIL.
QUE RÁPIDO CORREN LOS
CARROS DEL FERROCARRIL.

Para empezar

 1. Escucha y lee. 边听边读。

1. David: Este es Li Ming.

   Antonio: Hola, soy Antonio. Mucho
             gusto.

   Ming: Hola, Antonio. Encantado.

2. David: Mira, esta es Marta, mi hermana.

   Marta: ¿Qué tal? Encantada.

   Ming: Hola, Marta, me llamo Li Ming.
             Mucho gusto.

 2. Vas a escuchar unas frases que se utilizan para presentar a alguien y otras para reaccionar ante la presentación. Clasifica las siguientes frases según lo que se exige en la siguiente tabla. 你会听到几句人物介绍用语和几句介绍回复语。根据下表要求，把下列句子分类。

ⓐ Encantada.   ⓑ Mucho gusto.
ⓒ Encantado.   ⓓ Este es...
ⓔ Esta es...   ⓕ Hola, ¿qué tal? Soy (Me llamo)...

Presentación	Reacción
a un chico	de un chico
a una chica	de una chica

3. Presenta a las siguientes personas con los pronombres demostrativos *este*, *esta*. 用指示代词*este*, *esta*介绍以下人物。

Li Ming

David

Luisa

Nuria

el profesor

FÍJATE BIEN	Gramática
指示代词	
阳性单数	este
阴性单数	esta

A trabajar

 4. Escucha y lee el siguiente diálogo para observar el uso de los pronombres demostrativos *este*, *esta* **y los artículos determinados** *el*, *la*. 边听边读以下对话，并观察指示代词*este*, *esta*和定冠词*el*, *la*的用法。

1. Ming: Mira, David, ¿ves a los dos compañeros nuevos en el aula? ¿Ellos son de nuestra clase también?

    David: Sí. El chico se llama Íñigo, es vasco. La chica es de Barcelona, pero no sé cómo se llama.

    Ming: ¡Qué bien! Parece que son muy majos.

    David: Venga. Vamos a hablar con ellos.

FÍJATE BIEN	Gramática
saber	
yo	sé
tú	sabes
él, ella, usted	sabe
nosotros, nosotras	sabemos
vosotros, vosotras	sabéis
ellos, ellan, ustedes	saben

2. David:　Hola, Íñigo, ¿qué tal?

　　Íñigo:　Muy bien, gracias. ¿Y tú?

　　David:　Muy bien. Mira, este es Li Ming. Li Ming, este es Íñigo.

　　Ming:　Hola, Íñigo, mucho gusto.

　　Íñigo:　Encantado.

　　David:　Pues, esta señorita es...

　　Íñigo:　Bueno, esta es Nuria.
　　　　　　Nuria, te presento al jefe de la clase, David.

　　Nuria:　Hola, ¿qué tal? Encantada.

　　David:　Mucho gusto.

　　Ming:　Encantado de conocerte, Nuria.

5. **Completa las siguientes oraciones con los artículos determinados adecuados. Observa la diferencia del uso de los artículos indeterminados *un, una* y los determinados *el, la* en el ejemplo.** 用适当的定冠词将下列句子补充完整。注意观察例句中不定冠词*un, una*与定冠词*el, la*用法的区别。

*Ejemplo: Hay **un** chico y **una** chica en el aula.*
***El** chico se llama íñigo.*
***La** chica se llama Nuria.*

FÍJATE BIEN	Gramática	
定冠词		
	阳性	阴性
单数	el	la

1. Hay un profesor y una profesora en la cafetería.

　　_____ profesor se llama José.

　　_____ profesora se llama María.

2. Hay una mochila en la mesa.

　　En _____ mochila hay un estuche.

　　En _____ estuche hay una pluma.

　　Con _____ pluma puedo escribir.

6. **Observa el siguiente dibujo y describe lo que está pasando en el recreo utilizando la preposición *con*.** 看下图，用介词*con*描述课间教室里的情景。

Luis: escuchar la música

Sara: leer

Gabriel: escribir

Li Ming: hablar

Jorge: discutir

Ejemplo: Li Ming: hablar con Nuria

Y tú, ¿qué haces en el recreo? y ¿con quién?
你在课间会做什么呢？和谁一起做呢？

7. **Completa los siguientes diálogos imitando las frases del texto de la actividad 3. Escucha y comprueba.** 参照练习3课文中的语句将下列对话补充完整。听录音并验证你的答案。

1. Ana: ¡Hola, Isabel! ¿ _____ _____?

   Isabel: Bien. ¿Y _____?

   Ana: Muy bien.

   Isabel: Mira, _____ es Alberto, un amigo mío y _____ es Ana, una compañera de trabajo.

   Ana: _____ _____.

   Alberto: _____.

2. Juan: Buenos días, señora Muñoz. ¿Cómo está usted?

Señora Muñoz: Bien, gracias. ¿Y _____?

Juan: Bien también. Mire, le
presento a la señorita Ruiz,
la nueva secretaria. La
señora Muñoz.

Señora Muñoz: _____.

Secretaria: _____ _____.

8. **Escucha y observa la pronunciación de las consonantes *r*, *s*, *ñ*.** 听录
音，注意辅音字母*r*, *s*, *ñ*的发音。

R *fuerte*

*Rocío corre alrededor de una
araña.
ra re ri ro ru
orre erra irra arru urro*

R *suave*

*Sara saborea la mermelada.
ar er ir or ur
ara ere iri oro uru*

S s

*El sapo sale al sol.
sa se si so su
as es is os us
asa ese isi oso usu*

Ñ ñ

¡Hay una araña
en mi cabaña!
ña ñe ñi ño ñu
aña eñe iñi
oño uñu

FÍJATE BIEN   Fonética

辅音 r 的发音

◆ 两个 r 叠加时发多击颤音 /r/。
◆ 字母 r 在词首和辅音 l, n, s 后发多击颤音 /r/。
◆ 在词尾和单词中间发单击颤音 /r/。

辅音 s 的发音

◆ 字母 s 在词尾发音应略为短促。
◆ 字母 s 在浊辅音前发音应略加浊化，介于 /s/ 和 /z/ 之间。

9. Escucha y rodea las letras _r, s, ñ_. 听录音，圈出字母 _r, s, ñ_。

1. _R fuerte_

reina   rana   rosa

torre   burro   sierra

2. *R suave*

pirata mariposa árbol

castor fuerte merienda bandera

Marcos el calamar
nada en el fondo del mar.
Y la sirena Macarena
toma el sol en la arena.

3. *S s*

sopa isla osos

pesa paseo suelo sal

4. *Ñ ñ*

moño castañuelas piñata

año albañil muñeca rebaño

En otoño subo a la montaña,
busco piñas y castañas.

A practicar

10. **Completa las siguientes frases con *el*, *la*, *un* o *una* en caso necesario.**
   根据需要用*el*, *la*, *un*, *una*将下列句子补充完整。

   1. Paco es _____ nombre español.

   2. _____ hermana de Lucía es mi amiga.

   3. Hay que hablar con _____ señor Rodríguez.

   4. ¿Qué es esto? ¿Es _____ portátil?

   5. Hay _____ libro en _____ mesa.

   6. Este es Juan, _____ compañero de clase.

   7. Hay que escribir con _____ bolígrafo en _____ cuaderno.

   8. _____ profesora de Li Ming es muy joven.

   9. Buenos días, _____ señorita Pérez. ¿Cómo está usted?

   10. _____ vasco es muy difícil.

11. **Presenta a tu compañero/a de al lado a dos amigos tuyos con sus fotos, un chico y una chica, utilizando *este* y *esta*.** 借助照片向你旁边的同学介绍你的一男一女两位朋友。请使用*este*和*esta*。

12. Completa los nombres de los siguientes países y ciudades con *r* o *rr*. Escucha, comprueba y repite. ¿Sabes dónde se ubican estos países y ciudades? 请用*r*或*rr*将以下国家或城市名称补充完成。听录音验证答案并跟读。你知道它们分别在哪里吗？

1. U......uguay
2. Monte......ey
3. Sa......ajevo
4. ......usia
5. To......onto
6. ......osa......io
7. Ando......a
8. I......án
9. Ca......acas
10. Ecuado......
11. No......uega
12. Ma......uecos
13. Guadalaja......a
14. ......oma
15. Pa......ís
16. Nige......ia

13a. Lee el siguiente texto. 请阅读以下短文。

* El lenguaje no verbal no es igual en todos los países.
* En España e Hispanoamérica la distancia entre las personas cuando hablan es menor que en otras culturas; la gente se mira a los ojos, se da palmadas, se toca, se besa, se abraza...
* Elegir un saludo o un gesto depende de si la persona a la que saludamos es hombre o mujer, de su edad y de la relación que tenemos con ella.

13b. **¿Cuál es el gesto que se usa en cada una de las fotos?** 照片中的人们用什么身体语言交流？

Se miran a los ojos.
Se tocan.
Se dan palmadas.
Se besan.
Se abrazan.
Se estrechan la mano.

¿Qué relación supones que tienen las personas en las fotos? 你觉得他们之间的关系是什么？

Son amigos.
Son novios.
Son familiares.
Son colegas.
...

13c. Comenta los gestos para saludarse de los hispanohablantes y piensa cuáles tienen un significado diferente en tu cultura. 说说在中国，西语国家常用于问候的身体语言会有什么不一样的含义。

Ejemplo: En mi cultura si se abrazan, significa que son novios, hermanos o muy buenos amigos.

Proyecto cultural

14a. A continuación tienes algunos gestos que se usan con frecuencia en España e Hispanoamérica. Relaciónalos con su significado.

以下是一些在西班牙和西班牙语美洲常用的手势。请将含义和图片联系起来。

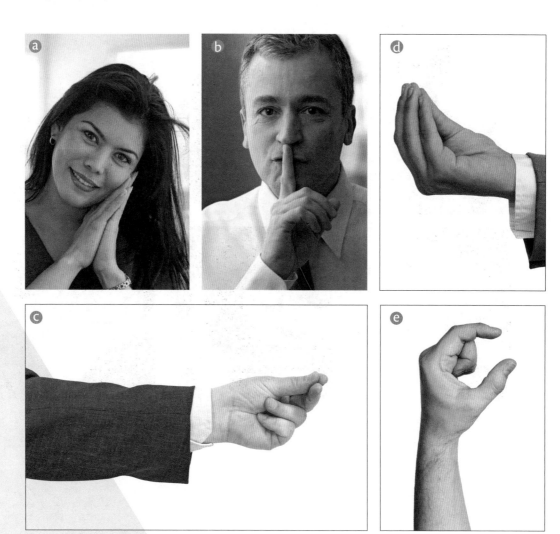

1. Hay mucha gente: ....

2. Poco: ....

3. Dinero: ....

4. Silencio: ....

5. Dormir: ....

14b. Mira la escena humorística ambientada en un bar. Todas las frases terminan en un gesto. ¿Cuántos gestos reconoces? Pregunta a tu profesor/a si tienes dudas. 请看一段发生在酒吧的幽默视频，里面每一句话都以一个手势结束。你可以认出哪些？请向老师提出你的疑问。

....

....

....

14c. ¿Cuáles son iguales en China? Compáralos con los gestos de los chinos. 以上手势在中国也同样适用吗？请比较。

....

....

....

Canta y recita

Erre con Erre

Erre con erre carreta, con erre barril.

(Con erre barril)

Que rápido corren los carros del ferrocarril.

(Del ferrocarril)

Erre con erre es el ramo de rosas rosadas regadas por mí.

Erre con erre es el ramo de rosas rosadas regadas por mí.

Erre con erre guitarra, con erre acordeón.

(Con erre acordeón)

Que grita el cotorro que ya viene el zorro y el bello gorrión.

(Y el bello gorrión)

Erre con Erre nos vamos de rumba al cerro en que vive Ramón.

Erre con Erre nos vamos de rumba al cerro en que vive Ramón.

Erre con Erre es pintar, con erre crayón.

(Con erre crayón)

Que rápido hornea Raimundo la tarta de ron con turrón.

(De ron con turrón)

Erre con Erre es el ruido de risas graciosas en esta canción.

Erre con Erre es el ruido de risas graciosas en esta canción.

Erre con Erre es cariño por Pablo por Lourdes por Sonia y por ti.

Erre con Erre es cariño por Pablo por Lourdes por Sonia y por ti.

Para terminar

COMUNICACIÓN	GRAMÁTICA
◆ **Para presentar a alguien**: Este es Li Ming. Esta es Marta. Te presento a David. Le presento a la señorita Ruiz. ◆ **Para reaccionar a una presentación**: Encantado/a. Mucho gusto.	◆ **El presente de indicativo de *saber***: sé, sabes, sabe, sabemos, sabéis, saben ◆ **Los demostrativos *este* y *esta***: Este es Alberto. Esta es mi profesora. ◆ **Los artículos determinados *el* y *la***: el jefe/ la jefa, el móvil, la mesa ◆ **La preposición *con***: ¿Puedo hablar con el señor González? Hay que escribir con bolígrafo.

Vocabulario

presentar / tr. / 介绍, 引见

amigo, ga / m., f. / 朋友

¡Mira! / 看！

ellos / pron. / 他们

nuestro, tra / adj. / 我们的

también / adv. / 也

vasco, ca / m., f. / 巴斯克人

Barcelona / n. pr. / 巴塞罗那

saber / tr. / 知道

¡Qué bien! / 太好了！

parecer que+ / 看起来

majo, ja+ / adj. / 讨人喜欢的

señorita / f. / 小姐

jefe, fa / m., f. / 长官, 首领

trabajo / m. / 劳动, 工作

discutir+ / tr. / intr. / 讨论, 争论

UNIDAD 2   Los amigos

LECCIÓN 5   ¿CÓMO SON LOS COMPAÑEROS?

En esta lección vamos a aprender a:
- hablar del aspecto físico de una persona (1)
- preguntar y decir la edad de una persona

Para ello vamos a aprender:
- los demostrativos: *estos*, *estas*
- los artículos determinados: *los*, *las*
- el género y el número de los adjetivos
- el presente de indicativo: *tener*
- los números: 1–19
- las consonantes: *g, j, f, y*

UNO, DOS, TRES, DOS, TRES, UNO, DOS, TRES, SON LOS NÚMEROS, SON LOS NÚMEROS.

Para empezar

 1. Escucha y lee. 边听边读。

1. Este es Li Ming. Tiene 11 años. Es alto y delgado. Es inteligente.

2. Este es David. Tiene 12 años. Es moreno. Es muy divertido.

3. Esta es Sara. Es una chica muy guapa. Tiene 13 años. Es tímida.

4. Este es Carlos. Es bajo, gordo y feo. Tiene 14 años. Es interesante.

5. Estos son los profesores de la escuela. Son jóvenes y simpáticos. María es rubia y Fernando es castaño.

6. Estas son las señoras de la cafetería. Son unas mujeres mayores y alegres.

 2. Vas a escuchar unas preguntas y busca en las siguientes oraciones la respuesta para cada pregunta. 你会听到一些问题，请在下列句子中寻找每个问题的答案。

1. Son muy interesantes.   Pregunta ....
2. Sí, es muy guapo.   Pregunta ....
3. Son altas.   Pregunta ....
4. Tengo 12 años.   Pregunta ....
5. Es un poco tímida, pero es bastante inteligente.   Pregunta ....

A trabajar

3. **Escucha y lee el siguiente diálogo para observar el uso de los pronombres demostrativos *estos*, *estas*, y los artículos determinados *los*, *las*.** 边听边读以下对话，并观察指示代词*estos*, *estas*和定冠词*los*, *las*的用法。

1. Luisa: Li Ming, ¿qué tal la escuela? ¿Estás a gusto?

   Ming: Sí, mucho. Mira, aquí tengo una foto de mi clase.

   Luisa: A ver, a ver… ¿sois 12 en tu clase?

   Ming: Sí. Somos 5 chicos y 7 chicas de diferentes países. Los chicos son muy divertidos y las chicas son guapas y simpáticas.

   Luisa: Sí, eso parece. Hay dos chicos rubios. ¿De dónde son?

   Ming: Pues estos son Ken y Max, de Alemania. Son un poco tímidos, pero hablan muy bien el español.

   Luisa: Me lo imagino.

2. Luisa: ¿Y estas morenas?

   Ming: Estas son Sabina e Irene, de Brasil. Ellas dos son muy amigas.

   Luisa: ¡Qué guapas! Y estos son los profesores, ¿verdad?

   Ming: Sí.

   Luisa: ¿Cómo son los profesores? ¿Son serios?

   Ming: No, no son serios. Son muy simpáticos.

   Luisa: Parece que son muy jóvenes. ¿Cuántos años tienen?

   Ming: No sé. Tienen 30 años más o menos.

4. Mira la foto de la clase de Li Ming y señala a las personas que él ha mencionado. 看李明班级同学的照片，说出他提及的人物。

Ejemplo: Estos son Ken y Max.

FÍJATE BIEN	Gramática
指示代词	
阳性复数	estos
阴性复数	estas

5. Busca en el texto de la actividad 3 la versión en plural de las siguientes oraciones y léelas. 在练习3的课文中找出下列句子的复数形式，并朗读。

1. El chico es muy divertido.
2. ¿Cómo es el profesor?
3. La chica es guapa y simpática.
4. Este es el profesor.
5. Es muy simpático.
6. ¿Es serio?

FÍJATE BIEN	Gramática	
定冠词		
	阳性	阴性
复数	los	las

FÍJATE BIEN	Gramática	
性数一致		
	阳 性	阴 性
单数	El alumno es bueno.	La alumna es buena.
复数	Los alumnos son buenos.	Las alumnas son buenas.

FÍJATE BIEN	Expresión

年龄 *

● ¿Cuántos años { tienes (tú)?
                   tiene (él, ella, usted)?
                   ...

Tengo
○ (él, ella, usted) Tiene } ... años.

...

* 在西班牙语国家，年龄属于个人隐私，应尽量避免当面询问。

FÍJATE BIEN	Gramática

tener	
yo	tengo
tú	tienes
él, ella, usted	tiene
nosotros, nosotras	tenemos
vosotros, vosotras	tenéis
ellos, ellas, ustedes	tienen

6. **Completa los diálogos con las formas adecuadas del verbo *tener*. Escucha y comprueba.** 请用*tener*的适当形式填空。听录音并验证你的答案。

1. ● ¿Cuántos años tiene esta chica?
   ○ _____ 11 años.

2. ● ¿Cuántos años _____ usted?
   ○ _____ 45 años.

3. ● ¿Cuántos años _____ estos niños?
   ○ Creo que _____ 5 años.

4. ● ¿Cuántos años _____ la profesora?
   ○ Es un secreto.

7. **Escucha y observa la pronunciación de las consonantes *g, j, f, y*.** 听录音，请注意辅音*g, j, f, y*的发音。

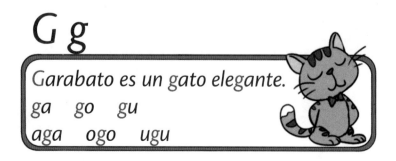

G g

Garabato es un gato elegante.
ga   go   gu
aga   ogo   ugu

El lobito pone la guirnalda.
gue   gui
egue   igui

J j

Julia se quita el jersey.
ja   je   ji   jo   ju
aja   eje   iji   ojo   uju

F f

Felipe está en la fila de la fuente.
fa   fe   fi   fo   fu
afa   efe   ifi   ofo   ufu

Y y

María desayuna un yogur.
ya   ye   yi   yo   yu
aya   eye   iyi   oyo   uyu

FÍJATE BIEN   Gramática

如果连词y后面的单词以i或hi开头，y
要变为e。
Sara e Isabel, madre e hijo。

8. Escucha y rodea las letras g, j, f, y. 听录音并圈出字母g, j, f, y。

1. *G g: ga, go, gu*

regalo   lago   gafas

agua   goma   lengua   gotas

Mi tía Marga es maga.
Saca de su gorro orugas y una
iguana.

2. *G g: gue, gui*

guitarra   hoguera   hamburguesa

anguila   hormiguero   albergue   guinda

Miguel riega la higuera con la
manguera de goma.

3. *J j*

El conejo se esconde en los juncos.
El jilguero picotea.
La abeja se mete en un agujero del panal.

4. *F f*

foto   teléfono   delfín   sofá   elefante   familia   famoso
Fidel fue a una fiesta de fantasmas.

5. *Y y*

Un domingo de mayo, Luis y su hermana mayor Rocío
paseaban por un bosque de hayas. De repente cayó un rayo y
por poco se desmayan. Rápido, rápido, huyeron a casa.

A practicar

9. Escribe el plural de las siguientes frases como en el ejemplo. 参照例子将以下句子变为复数形式。

Ejemplo: Esta chica es simpática.
  → Estas chicas son simpáticas.

1. El profesor es español. →

2. ¿Es bueno este diccionario? →

3. ¿Cómo se llama usted? →

4. La secretaria de la empresa es joven. →

5. El amigo de Pedro tiene 12 años. →

6. ¿Cuántos años tienes? →

7. Este libro es muy divertido. →

8. Este país no es grande. →

10. Escucha y encuentra en la foto a los dos chicos que hablan. 听录音并在以下图片中找到说话的两个人。

1. ....

2. ....

11. Escucha y marca el número que oigas. 听录音圈出你听到的数字。

1	2	3	4	5
2	20	3	7	6
8	11	10	13	9
12	1	14	4	15
19	18	5	16	17

12. Completa las series. 请将以下数列补充完整。

Ejemplo: seis, siete, ocho, nueve, ...diez......

1. cinco, siete, nueve, once, ...
2. veinte, dieciséis, doce, ocho, ...
3. tres, seis, nueve, doce, ...
4. uno, tres, cuatro, ocho, ...
5. dos, tres, cinco, diez, ...
6. cuatro, doce, ocho, diez, ...

13. Ordena las siguientes palabras según los sonidos de la letra *g* y la letra *y*. Escucha y comprueba. 将下列词语按照 *g* 和 *y* 的发音分类。听录音并验证答案。

> guerra   ágil   gorro   guitarra   gente
> lengua   gato   gesto   dirigir   gusano
> hay   jersey   ley   yo   yate   muy   ayer   y   oye   reyes

Igual que la *g* en *gas*
....

Igual que la *g* en *tragedia*
....

Igual que la *y* en *ya*
....

Igual que la *y* en *hoy*
....

14. Lee las siguientes palabras. Escucha y marca la palabra que oigas.
朗读下列单词。听录音，划出你听到的词语。

	A	B
1	cana	gana
2	campo	gamba
3	quitar	guitarra
4	corto	gordo
5	callo	gallo
6	cosa	goza
7	coma	goma
8	col	gol

15a. Lee el siguiente texto. 请阅读以下短文。

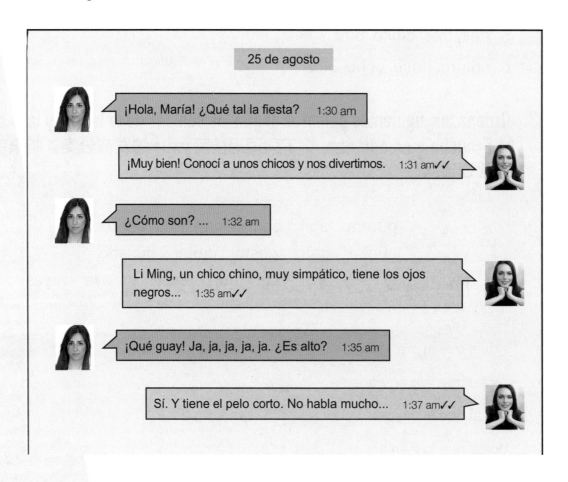

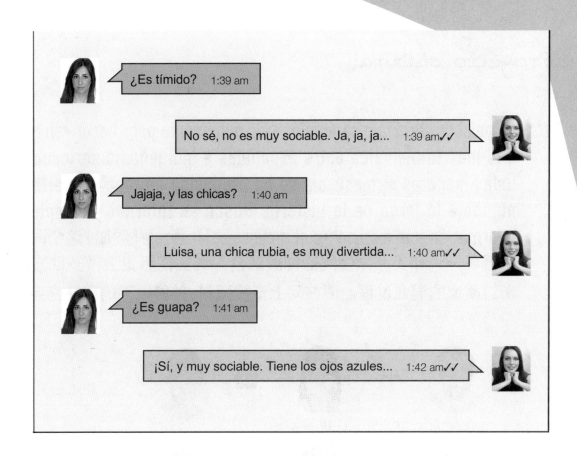

15b. Relaciona las características con las personas mencionadas en el diálogo. 将下列特征与文中提及的人物连起来。

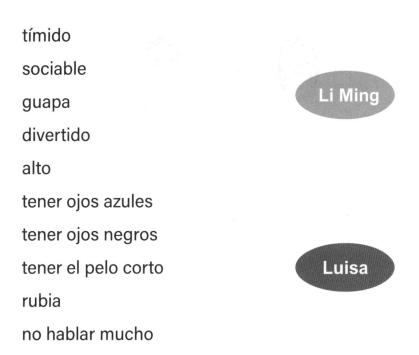

tímido

sociable

guapa

divertido

alto

tener ojos azules

tener ojos negros

tener el pelo corto

rubia

no hablar mucho

Proyecto cultural

16a. La palabra *mestizaje* se emplea frecuentemente para hacer referencia a la mezcla biológica entre españoles e indígenas americanos; de todas maneras el mestizaje se ha producido en muchas partes del mundo a lo largo de la historia. Busca en Internet y completa la información que falta sobre el mestizaje. Mestizaje（混血）这个词通常指西班牙人和美洲原住民的种族融合。其实在历史上很多地方都经历过类似的混血过程。请在网上查找资料，并将以下信息补充完整。

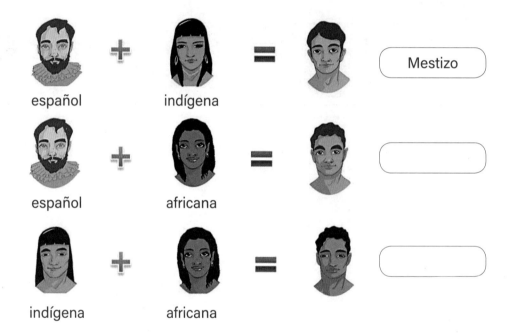

16b. Busca en Internet las fotos de unos personajes famosos de América Latina y describe su aspecto físico con el vocabulario que tienes. 请上网搜索几幅拉丁美洲名人的照片，并用已知词汇描述他们的外貌。

16c. Juan Evo Morales Ayma ha sido el primer presidente indígena en la historia de Bolivia. Rigoberta Menchú Tum ha sido la primera indígena en ganar el Premio Nobel de la Paz. En grupo, buscad información en Internet sobre uno de ellos y haced una presentación oral al resto del grupo. 胡安·埃沃·莫拉莱斯·艾马是玻利维亚历史上首位印第安人总统。里戈韦塔·门楚·图姆是首位获得诺贝尔和平奖的印第安人。请以小组为单位上网查找其中一位人物的资料，并向班上同学做一个口头介绍。

Canta y recita

▶ Los números

Uno, dos, tres,
uno, dos, tres,
son los números,
son los números.
Sí, sí, sí.
Uno, dos, tres,
cuatro,
sí, sí, sí,
son los números,
son los números.
Sí, sí, sí.

El uno es un soldado haciendo la instrucción.

El dos es un patito que está tomando el sol.

El tres una serpiente que baila sin parar.

El cuatro es una silla que invita a descansar.

El cinco es un conejo que salta sin parar.

El seis es una pera redonda y con rabito.

El siete un caballero con gorra y con bastón.

El ocho son las gafas que usa don Ramón.

El nueve es un hijito atado a un globito.

El cero una pelota que acaba esta canción.

tener / *tr.* / 有		**gordo, da** / *adj.* / 胖的	
año / *m.* / 岁,年		**feo, a** / *adj.* / 丑的	
alto, ta / *adj.* / 高的		**interesante** / *adj.* / 有趣的,令人感兴趣的	
delgado, da / *adj.* / 瘦的,消瘦的			
inteligente / *adj.* / 聪明的,能干的		**estos, tas** / *pron.* / 这些	
moreno, na / *adj.* / 皮肤黝黑的;黑发的		**escuela** / *f.* / 学校	
divertido, da⁺ / *adj.* / 有趣的		**joven** / *adj* / 年青的	
guapo, pa / *adj.* / 帅的,漂亮的		**simpático, ca** / *adj.* / 可爱的,可亲的	
tímido, da / *adj.* / 害羞的		**rubio, bia** / *adj.* / 金发的	
bajo, ja / *adj.* / 短的		**castaño, ña** / *adj.* / 棕发的	

Para terminar

COMUNICACIÓN	GRAMÁTICA
◆ **Para hablar del aspecto físico de una persona (1):** Es alto/delgado/guapo/rubio/moreno…	◆ **Los demostrativos en plural _estos_ y _estas_:** Estos son los profesores de la escuela. Estas son las señoras de la cafetería.
◆ **Para hablar del carácter de una persona:** Es divertido/simpático/alegre/interesante/tímido/serio/inteligente…	◆ **Los artículos determinados en plural _los_ y _las_:** los niños, las niñas, los países, las escuelas
◆ **Para preguntar por la edad de una persona:** ¿Cuántos años tienes? ¿Cuántos años tiene la niña?	◆ **El género y el número de los adjetivos:** El chico es alto. La chica es alta. Los chicos son altos. Las chicas son altas.
	◆ **El presente de indicativo de _tener_:** tengo, tienes, tiene, tenemos, tenéis, tienen
	◆ **Los números 1-19:** uno, dos, tres, cuatro, cinco, seis, siete, ocho, nueve, diez, once, doce, trece, catorce, quince, dieciséis, diecisiete, dieciocho, diecinueve

Vocabulario

cafetería	_f._	咖啡厅	
mujer	_f._	女人；妻子	
mayor	_adj._	年龄大的, 年长的	
bastante	_adv._	相当地	
alegre	_adj._	高兴的, 快乐的	
estar	_cop._	处于……状态	
a gusto[+]		舒适, 惬意	
aquí	_adv._	这里	
foto	_f._	照片	
mi	_adj._	我的	

país	_m._	国家	
Eso parece.[+]		看上去是这样。	
Alemania[+]	_n. pr._	德国	
un poco		有点儿	
Me lo imagino.[+]		我可以想象。	
Brasil[+]	_n. pr._	巴西	
¿Verdad?[+]		真的吗？	
serio, ria	_adj._	严肃的	
cuánto, ta	_adj._	多少	
más o menos[+]		大概	

En esta lección vamos a aprender a:
- preguntar y decir el número de teléfono
- preguntar y decir la fecha de cumpleaños
- preguntar y decir la dirección de correo electrónico

Para ello vamos a aprender:
- los interrogativos: *cuál, cuándo*
- los números: 20–100
- las fechas
- la negación
- las consonantes: *h, x, k, w*
- los dígrafos: *ch, ll*

A PAMPLONA HEMOS DE IR, CON UNA MEDIA Y UN CALCETÍN.

Para empezar

1. Escucha y lee. 边听边读。

1. ● ¿Cuál es tu apellido?
   ○ Mi apellido es Li.

2. ● ¿Cuándo es tu cumpleaños?
   ○ Mi cumpleaños es el 3 de agosto.

3. ● ¿Cuál es tu número de teléfono?
   ○ Es el 903173257.

4. ● ¿Cuál es tu dirección de correo electrónico?
   ○ Lo siento. No me acuerdo.

2a. **Sara quiere anotar la información de Li Ming en su cuaderno de contacto. ¿Puedes ayudarla a completar las preguntas?** Sara 想记下李明的个人信息和联系方式。请帮助她完成下列问题。

1. ¿_____ es tu número de teléfono?

2. ¿_____ es tu nombre completo?

3. ¿_____ es tu cumpleaños?

4. ¿_____ es la dirección de tu correo electrónico?

FÍJATE BIEN	Gramática

疑问词 **cuál**
¿Cuál es tu nombre?
¿Cuál es el problema?
疑问词 **cuándo**
¿Cuándo es tu cumpleaños?

2b. **Ahora contesta a las preguntas de Sara con la información que se da en la siguiente tabla.** 现在根据表格上的信息回答 Sara 的问题。

CENTRO DE ESTUDIOS FOTOGRÁFICOS

Nombre completo	Li Ming
Cumpleaños	3 de agosto
Teléfono móvil	687423905
Correo electrónico	liming_cn@gmail.com

FÍJATE BIEN

"@" 读作 "arroba"。
"_" 读作 "guion bajo"。

FÍJATE BIEN

西班牙语的电话号码一般根据个人习惯或者顺口程度按一位数或两位数拆分，例如：946165201可分为946-165-201或者946-16-52-01。

A trabajar

3. **Escucha y lee el siguiente diálogo y observa el uso de los interrogativos *cuál* y *cuándo*.** 边听边读以下对话，并观察疑问词 *cuál* 和 *cuándo* 的用法。

Ming: Oye, Sara, tengo unas preguntas para ti.

Sara: Vale, dime.

Ming: A ver, ¿cuál es tu nombre completo?

Sara: Mi nombre completo es Sara Ramírez Sánchez.

Ming: ¿Cuál es tu número de teléfono?

Sara: No tengo teléfono fijo.

Ming: Entonces, ¿tienes teléfono móvil?

Sara: Claro. Es el 635343123.

Ming: ¿Cuál es la dirección de tu correo electrónico?

Sara: Es sararrasa@gmail.com.

Ming: Y la última pregunta, ¿cuándo es tu cumpleaños?

Sara: Es el 24 de abril.

Ming: Ya está. Mira, ¿hay algún error?

Sara: Pues… sí.

Ming: ¿Cuál es?

Sara: La dirección de correo electrónico está mal. No es sararasa,
       es sararrasa.

Ming: De acuerdo. Bueno, muchas gracias, Sara.

Sara: De nada.

Ming: Por cierto, ¿tienes el teléfono de David?

Sara: No, no tengo su teléfono.

4. Escucha y rodea las fechas que oigas. 听录音，圈出你所听到的日期。

2024

ENERO

DO	LU	MA	MI	JU	VI	SA
	1	2	3	4	5	6
7	8	9	10	11	12	13
14	15	16	17	18	19	20
21	22	23	24	25	26	27
28	29	30	31			

FEBRERO

DO	LU	MA	MI	JU	VI	SA
				1	2	3
4	5	6	7	8	9	10
11	12	13	14	15	16	17
18	19	20	21	22	23	24
25	26	27	28	29		

MARZO

DO	LU	MA	MI	JU	VI	SA
					1	2
3	4	5	6	7	8	9
10	11	12	13	14	15	16
17	18	19	20	21	22	23
24	25	26	27	28	29	30
31						

ABRIL

DO	LU	MA	MI	JU	VI	SA
	1	2	3	4	5	6
7	8	9	10	11	12	13
14	15	16	17	18	19	20
21	22	23	24	25	26	27
28	29	30				

MAYO

DO	LU	MA	MI	JU	VI	SA
			1	2	3	4
5	6	7	8	9	10	11
12	13	14	15	16	17	18
19	20	21	22	23	24	25
26	27	28	29	30	31	

JUNIO

DO	LU	MA	MI	JU	VI	SA
						1
2	3	4	5	6	7	8
9	10	11	12	13	14	15
16	17	18	19	20	21	22
23	24	25	26	27	28	29
30						

JULIO

DO	LU	MA	MI	JU	VI	SA
	1	2	3	4	5	6
7	8	9	10	11	12	13
14	15	16	17	18	19	20
21	22	23	24	25	26	27
28	29	30	31			

AGOSTO

DO	LU	MA	MI	JU	VI	SA
				1	2	3
4	5	6	7	8	9	10
11	12	13	14	15	16	17
18	19	20	21	22	23	24
25	26	27	28	29	30	31

SEPTIEMBRE

DO	LU	MA	MI	JU	VI	SA
1	2	3	4	5	6	7
8	9	10	11	12	13	14
15	16	17	18	19	20	21
22	23	24	25	26	27	28
29	30					

OCTUBRE

DO	LU	MA	MI	JU	VI	SA
		1	2	3	4	5
6	7	8	9	10	11	12
13	14	15	16	17	18	19
20	21	22	23	24	25	26
27	28	29	30	31		

NOVIEMBRE

DO	LU	MA	MI	JU	VI	SA
					1	2
3	4	5	6	7	8	9
10	11	12	13	14	15	16
17	18	19	20	21	22	23
24	25	26	27	28	29	30

DICIEMBRE

DO	LU	MA	MI	JU	VI	SA
1	2	3	4	5	6	7
8	9	10	11	12	13	14
15	16	17	18	19	20	21
22	23	24	25	26	27	28
29	30	31				

FÍJATE BIEN   **Expresión**

数字 20—100

20 veinte	30 treinta	40 cuarenta
21 veintiuno	31 treinta y uno	50 cincuenta
22 veintidós	32 treinta y dos	60 sesenta
23 veintitrés	33 treinta y tres	70 setenta
…	34 treinta y cuatro	80 ochenta
	…	90 noventa
		100 cien

5. En el siguiente cuadro hay unos errores. Escucha la grabación y marca los errores. 下列表格中有一些地方填错了。听录音标出这些错误。

CENTRO DE ESTUDIOS FOTOGRÁFICOS	
Nombre	Miguel
Apellidos	Rodríguez Nieto
Nacionalidad	mexicana
Teléfono	912 46 87 09
Correo electrónico	mrmiguel@gmail.com
Fecha de nacimiento	21 de agosto de 1992

6. Observa el dibujo y lee las siguientes frases. Comenta con tu compañero/a de mesa si lo que describen las frases es verdad. Escucha la grabación y comprueba tus respuestas. 看图，读出下列句子。与你的同桌讨论句子所描述的情况是否属实。听录音验证你的答案。

Ejemplo:
- *¿Tiene Sara un bolígrafo?*
- *Sí, tiene un bolígrafo.*
- *¿Tiene Sara una carpeta?*
- *No, no tiene carpeta.*

Sara tiene un bolígrafo.
Sara tiene una carpeta.
David escucha la música.
En el aula hay una pizarra digital.
El profesor es chino.
David habla con Li Ming.
Li Ming habla con el profesor.

FÍJATE BIEN   Gramática

否定
◆ **No** 总是在动词前。
Sara no tiene carpeta.
◆ 当回答问题时，可使用两次 no。
- *¿Tiene Sara una carpeta?*
- *No, no tiene carpeta.*

7. Escucha y observa la pronunciación de las consonantes *h, x, k, w*. 听录音，请注意辅音 *h, x, k, w* 的发音。

H h

Pablo ha tomado helado.

ha he hi ho hu

X x

Li Ming toca el xilófono
y el saxofón.

K k W w

Wendy toma un sándwich
y kiwis.

 8. Escucha y rodea las letras *h, x, k, w*. 听录音并圈出字母 *h, x, k, w*。

1. *H h*

　　hada　　　　　¡Hola!　　　　almohada

　　hipo　hundido　hilo　ahumado

José patina en el hielo y le entusiasma.
¡Hoy es su día!

2. *X x*

Félix y Max tocan el saxofón. Son unos músicos expertos.
Álex dirige la orquesta. ¡Es un éxito!

3. *K k, W w*

| kilo | windsurf | taekwondo | koala |

9. **Escucha y lee. Fíjate en la pronunciación de los dígrafos *ch* y *ll*. 边听边读。注意字母组合 ch 和 ll 的发音。**

1. China   Chile   chicos   leche   coche   chupachups

2. ella   me llamo   pollo   paella

A practicar

 10. Escucha y escribe los números de teléfono. 听录音，写出电话号码。

1. Eva: ....

2. Marina: ....

3. Jorge: ....

4. Emilio: ....

11. Pregunta a seis compañeros su nombre, número de teléfono y dirección de correo electrónico, y anótalo en tu agenda. 向你的六位同学询问名字、电话号码和邮箱地址，并将信息记录在你的备忘录上。

CONTACTOS ✉

NOMBRE
TELÉFONO
E-MAIL

NOMBRE
TELÉFONO
E-MAIL

NOMBRE
TELÉFONO
E-MAIL

NOMBRE
TELÉFONO
E-MAIL

NOMBRE
TELÉFONO
E-MAIL

NOMBRE
TELÉFONO
E-MAIL

12. Encuentra 10 meses. ¿Cuáles no están? 找到十个月份。哪两个不在呢？

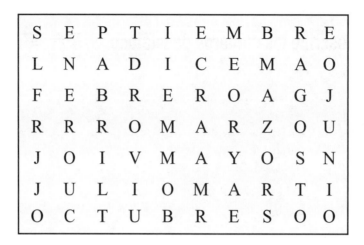

```
S  E  P  T  I  E  M  B  R  E
L  N  A  D  I  C  E  M  A  O
F  E  B  R  E  R  O  A  G  J
R  R  R  O  M  A  R  Z  O  U
J  O  I  V  M  A  Y  O  S  N
J  U  L  I  O  M  A  R  T  I
O  C  T  U  B  R  E  S  O  O
```

13. Sigue las líneas y escribe frases como el ejemplo. 根据箭头找到每个人的生日，并仿照例子写出相关信息。

Ejemplo: El cumpleaños de Lucas es el seis de marzo.

1. ....
2. ....
3. ....
4. ....
5. ....
6. ....
7. ....
8. ....

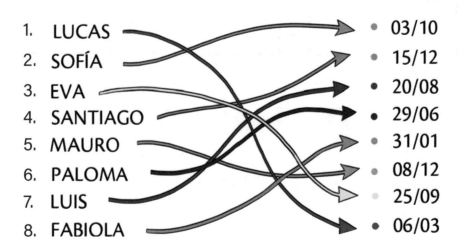

1. LUCAS   • 03/10
2. SOFÍA   • 15/12
3. EVA   • 20/08
4. SANTIAGO   • 29/06
5. MAURO   • 31/01
6. PALOMA   • 08/12
7. LUIS   • 25/09
8. FABIOLA   • 06/03

14a. Lee el siguiente texto. 请阅读以下短文。

María y Mauro son dos estudiantes como tú. María es española, vive en Zaragoza y tiene trece años. Mauro es argentino, tiene doce años y vive en Córdoba.

María y Mauro cumplen años en diciembre, María el día quince y Mauro el día diez.

Los regalos de cumpleaños son:

✓ Para María, una semana de esquí en la estación de Andorra (porque en España es invierno) y un libro de su signo del zodiaco, Sagitario.

✓ Para Mauro, una tabla de *surf* (en Argentina es verano) y una semana en la playa.

14b. Completa la siguiente tabla según la información que se te ofrece en el texto. 根据以上文章提供的信息将表格补充完整。

	María	Mauro
Edad		
Ciudad		
Cumpleaños		
Regalos de cumpleaños		

14c. ¿Cuándo es tu cumpleaños y qué regalo quieres para tu cumple?
你的生日是什么时候,你希望得到什么生日礼物呢?

Proyecto cultural

15a. El Documento Nacional de Identidad (DNI) es un documento que certifica la identidad de cada ciudadano español. Observa el DNI y contesta a las preguntas. 国民身份证(西班牙语缩写DNI)是证明每个西班牙公民身份的证件。请观察以下证件并回答问题。

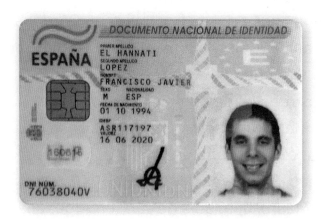

1. ¿Cuál es su nombre?

....

....

2. ¿Cuál es su primer apellido?

....

....

3. ¿Cuál es su segundo apellido?

....

....

4. ¿Cuándo es su cumpleaños?

....

....

15b. **Busca información en Internet y relaciona la denominación de los documentos de identidad con los países hispanohablantes.** 请上网查找信息，将以下西语国家名和该国公民身份证件的名称联系起来。

Chile	Cédula de Ciudadanía
Argentina	Cédula de Identidad
México	Credencial para Votar
Colombia	Documento Único de Identidad
El Salvador	Documento Nacional de Identidad

15c. **Busca un ejemplo de uno de los documentos arriba mencionados e intenta identificar los datos personales.** 请找一个以上身份证件的例子，并识别出证件所有人的个人信息。

Ejemplo:
Su nombre es Margarita.
Su primer apellido es Gómez.
Su segundo apellido es Velázquez.
Su cumpleaños es el cinco de julio.

Canta y recita

 Canción de San Fermín

Uno de enero,
dos de febrero,
tres de marzo,
cuatro de abril,
cinco de mayo,
seis de junio,
siete de julio San
    Fermín.

A Pamplona hemos de
    ir,
con una media,
con una media,
a Pamplona hemos de ir
con una media y un
    calcetín.

cuál / *pron.* / 哪一个	**teléfono** / *m.* / 电话
tu / *adj.* / 你的	**dirección** / *f.* / 地址
apellido / *m.* / 姓	**correo electrónico** / 电子邮箱
cuándo / *adv.* / 什么时候	**Lo siento.** / 对不起。
cumpleaños / *m.* / 生日	**acordarse** / *prnl.* / 记起
agosto / *m.* / 八月	**A ver.**+ / 瞧瞧。
número / *m.* / 号码	**nombre** / *m.* / 名

Para terminar

COMUNICACIÓN	GRAMÁTICA
◆ **Para preguntar y decir el número de teléfono:** ✓ —¿Cuál es tu número de teléfono? —Es el 35 59 48 2 31.	◆ **El interrogativo *cuál*:** ¿Cuál es tu nombre? ¿Cuál es tu apellido? ¿Cuáles son tus preguntas?
◆ **Para preguntar y decir la fecha de cumpleaños:** ✓ —¿Cuándo es tu cumpleaños? —Es el 9 de julio.	◆ **El interrogativo *cuándo*:** ¿Cuándo es tu cumpleaños?
◆ **Para preguntar y decir la dirección de correo electrónico:** ✓ —¿Cuál es la dirección de tu correo electrónico? —Es marta_sanchez@gmail.com.	◆ **Los números 20—100:** veinte, veintiuno, veintidós, veintitrés, veinticuatro, veinticinco, veintiséis, ... treinta, treinta y uno, treinta y dos, treinta y tres, ... cuarenta, ... cincuenta, ... sesenta, ... setenta, ... ochenta, ... noventa, ... cien
	◆ **Las fechas:** 1 de enero, 2 de febrero, 3 de marzo, 4 de abril, 5 de mayo, 6 de junio, 7 de julio, 8 de agosto, 9 de septiembre, 10 de octubre, 11 de noviembre, 12 de diciembre
	◆ **La negación:** ✓ —¿Tienes el teléfono de David? —No, no tengo su teléfono.

Vocabulario

completo, ta / *adj.* / 全的, 完整的
fijo, ja[+] / *adj.* / 固定的
Claro. / 当然!
último, ma / *adj.* / 最后的
abril / *m.* / 四月
algún, na / *adj.* / 某一个
error / *m.* / 错误

pues / *conj.* / 那么
mal / *adv.* / 不好, 坏
De acuerdo.[+] / 同意。
De nada. / 不客气。
su / *adj. poses.* / 他的, 她的, 您的; 他们的, 她们的, 诸位的

UNIDAD 3   En casa

LECCIÓN 7   MI QUERIDA FAMILIA

En esta lección vamos a aprender a:
- hablar del aspecto físico de una persona (2)
- hablar de las relaciones familiares
- preguntar y decir la profesión
- hablar del estado civil

Para ello vamos a aprender:
- el presente de indicativo: *estar*, *llevar*
- los adjetivos posesivos
- el interrogativo: *quién(es)*
- las preposiciones: *de, a, en*
- el exclamativo: *qué*
- los diptongos

ABUELITO, DIME TÚ:
¿QUÉ SONIDOS SON LOS QUE OIGO YO?

Para empezar

 1. Escucha y lee. 边听边读。

1. **Miguel**
   Es alto y gordo. Está casado con Mariana.
   Está jubilado.

2. **Mariana**
   Es muy simpática. Tiene el pelo
   corto y rizado. Es la mujer de
   Miguel. Tiene tres hijos. Está
   jubilada.

3. **Manuel**
   Lleva gafas. Tiene treinta y cinco
   años. Está soltero. Es taxista.

4. **José Luis**
   Lleva bigote. Está casado con Cristina.
   Tiene un hijo y una hija. Su hijo se
   llama Luis. Su hija se llama Rocío. Es
   empresario.

5. **Mercedes**
   Es la hija de Miguel y Mariana. Es
   profesora. Está separada. Tiene una
   hija adoptada, Julia.

2. **Ahora observa este árbol familiar de la familia Echevarría y escucha las frases. Subraya los nombres de parentesco y tradúcelos al chino.**
请观察Echevarría一家的这幅家庭成员图，听下列句子，划出其中的亲属关系名词，并翻译成中文。

La mujer de Miguel se llama Mariana.

Mercedes es tía de Luis y Rocío.

Rocío es sobrina de Manuel.

Mariana es abuela de Julia.

El nieto de Mariana se llama Luis.

Miguel es padre de Mercedes.

Cristina y José Luis son padres de Luis y Rocío.

Julia es prima de Rocío.

La nuera de Miguel y Mariana se llama Cristina.

Manuel y José Luis son hermanos de Mercedes y
    Mercedes es la hermana pequeña.

A trabajar

3. Escucha y lee el siguiente diálogo. 边听边读以下对话。

1. David: Hombre, Li Ming, amigo mío, ¿qué tal? ¿Ya conoces a tu familia de acogida?

    Ming: Sí, es muy simpática la familia. Mira, aquí tengo una foto.

    David: ¿Son muchos en la familia?

    Ming: Sí, son muchos. Mira, el señor Miguel y la señora Mariana tienen tres hijos: Manuel, José Luis y Mercedes.

    David: ¿Quién es ella?

    Ming: Es Julia, hija adoptada de Mercedes. Tiene 5 años.

    David: ¿Cómo es?

    Ming: Es una niña inteligente y simpática. Mira, tiene los ojos negros como yo y lleva una coleta muy larga.

2. David: ¿Quién es esta mujer guapa?

    Ming: Es la madre de Julia.

    David: ¿A qué se dedica?

    Ming: Es profesora de matemáticas.

    David: ¿Y esta niña?

    Ming: Se llama Rocío. Es hija de José Luis y Cristina. Ahora estudia en nuestra escuela.

    David: ¿A qué se dedican sus padres?

    Ming: José es policía y Cristina, médica.

    David: Mira, allí vienen ellos.

    Ming: Vaya. ¡Qué casualidad!

4. **Fíjate en las frases del texto que describen el aspecto de Julia e identifícala de entre estas niñas.** 注意课文中描写 **Julia** 外表的语句，将她从这些女孩里找出来。

Ejemplo:
Creo que esta es Julia.
Tiene los ojos negros.

FÍJATE BIEN	Expresión

描述外貌

ser {
  alto/a
  bajo/a
  gordo/a
  delgado/a
  guapo/a
  feo/a
}

tener {
  los ojos negros (grandes, pequeños...)
  la nariz recta (chata, aguileña...)
  el pelo largo (corto, liso, rizado)
}

llevar {
  gafas (lentillas...)
  barba (bigote)
  coleta
}

FÍJATE BIEN	Gramática

llevar

yo	llevo	nosotros, nosotras	llevamos
tú	llevas	vosotros, vosotras	lleváis
él, ella, usted	lleva	ellos, ellas, ustedes	llevan

5. **Vas a escuchar unas oraciones con adjetivos posesivos y después indica quién(es) dice(n) estas oraciones.** 你将听到一些带有物主形容词的句子，然后指出这些句子是谁说的。

1. Manuel es nuestro hermano mayor.

2. Julia es mi hija.

3. José Luis es nuestro padre.

4. Abuelo, Rocío y yo somos tus nietos, Julia también.

5. Mariana es nuestra querida abuela.

6. Soy vuestra sobrina.

7. Sois mis primas. Soy vuestro primo.

8. Miguel y Mariana son mis suegros.

FÍJATE BIEN	Gramática	

非重读物主形容词

	单数	复数
yo	mi	mis
tú	tu	tus
él, ella, usted	su	sus
nosotros, nosotras	nuestro/a	nuestros/as
vosotros, vosotras	vuestro/a	vuestros/as
ellos, ellas, ustedes	su	sus

*Estos son **mis** tíos Manuel y José Luis.*
*Esta es **nuestra** hija.*

重读物主形容词

	单数	复数
yo	mío, mía	míos, mías
tú	tuyo, tuya	tuyos, tuyas
él, ella, usted	suyo, suya	suyos, suyas
nosotros, nosotras	nuestro, nuestra	nuestros, nuestras
vosotros, vosotras	vuestro, vuestra	vuestros, vuestras
ellos, ellas, ustedes	suyo, suya	suyos, suyas

*Este libro no es **mío**. Es **tuyo**.*
*Nuestra profesora de español se llama Juana. ¿Cómo se llama **la vuestra**?*

介词 de

*Mariana es mujer **de** Miguel.*

FÍJATE BIEN	Expresión

亲属关系

abuelo/a	nieto/a
padre/madre	hijo/a
tío/a	sobrino/a
hermano/a	primo/a
cuñado/a	suegro/a
yerno/nuera	
marido/mujer (esposo/a)	

6. **Ahora un pequeño juego. Tu compañero/a de mesa va a indicar unas cosas de vuestro alrededor y tú vas a decir de quiénes son y viceversa. Gana el que diga más oraciones correctas.** 现在来做个小游戏，你的同桌手指身边的物品或人，请你说出这些物品的归属，互换角色后，说对句子更多的一方为胜。

Ejemplos:

▲ El aula
● Es nuestra aula.

▲ Estas casas
● Estas casas son mías.

▲ *David*

● *Es amigo de Susana.*

7. Relaciona las frases de estado civil con los miembros de la familia Echevarría. 将描述婚姻状况的短语和 **Echevarría** 家的成员联系起来。

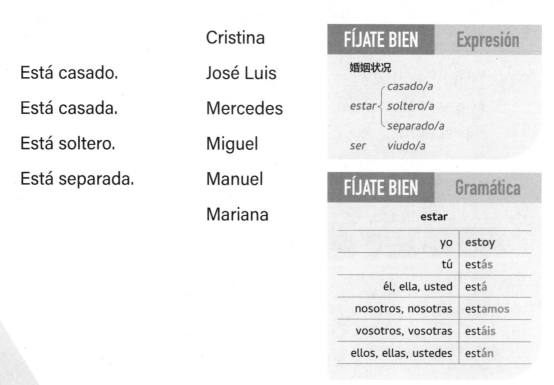

Cristina

Está casado.   José Luis

Está casada.   Mercedes

Está soltero.   Miguel

Está separada.   Manuel

                      Mariana

FÍJATE BIEN   Expresión

婚姻状况

estar ⎰ casado/a
      ⎱ soltero/a
        separado/a

ser   viudo/a

FÍJATE BIEN   Gramática

estar	
yo	estoy
tú	estás
él, ella, usted	está
nosotros, nosotras	estamos
vosotros, vosotras	estáis
ellos, ellas, ustedes	están

8. Completa las siguientes preguntas con *quién* o *quiénes*. 用 *quién* 或者 *quiénes* 将下列问题补充完整。

1. ¿_____ son los chicos rubios?

2. ¿_____ está casada con José Luis?

3. ¿_____ tiene duda?

4. ¿_____ son vuestros profesores?

5. ¿_____ es usted?

6. ¿_____ soy yo?

7. ¿_____ crees que eres?

FÍJATE BIEN   Gramática

疑问词 quién(es)
◆ 单数   *quién*
◆ 复数   *quiénes*

9. Vas a ver unas fotos de algunos miembros de la familia Echevarría en su lugar de trabajo. Pregunta por su profesión y el/la profesor/a te va a contestar. Anota la profesión de cada uno. Algunas respuestas del/de la profesor/a son falsas. Escucha y comprueba. 你会看到Echevarría家一些家庭成员在各自工作场所的图片，向你的老师询问他们的职业，得到老师的回答后，记下他们的职业。老师的一些回答是错误的，听录音验证答案。

Ejemplo:
Alumno/a: ¿Es Mercedes profesora?
Profesor/a: Sí, es profesora.
Alumno/a: ¿A qué se dedica Mercedes?
Profesor/a: Mercedes es profesora.

Cristina es ....

Manuel es ....

Mariana es ....

José Luis es ....

Miguel es ....

FÍJATE BIEN   Expresión

职业
¿A qué se dedica (él/ella/usted)?
¿En qué trabaja (él/ella/usted)?
Es profesora. (Soy profesora.)

¿A qué te dedicas (tú)?
¿En qué trabajas (tú)?
Soy policía.

FÍJATE BIEN   Gramática

介词a和en
¿A qué te dedicas?
¿En qué trabajas?

10. **Observa las expresiones de exclamación de David y relaciónalas con las causas. Luego forma unas expresiones exclamativas para el señor de la foto.** 观察课文中David说的感叹句，并将它们与各自的感叹理由联系起来。然后针对照片中的人物说一些感叹句。

¡Qué bien!	Luis también es estudiante de su escuela.
¡Qué mona!	Hay una niña china en la familia de acogida.
¡Qué casualidad!	Julia lleva una coleta larga.

> **FÍJATE BIEN**   Gramática
>
> 感叹词 qué
>
> | ¡*Qué* + adverbio! | ¡*Qué* + adjetivo! | ¡*Qué* + sustantivo! |
> |---|---|---|
> | ¡*Qué bien!* | ¡*Qué guapo!* | ¡*Qué casualidad!* |
> | ¡*Qué mal!* | *Qué altos!* | ¡*Qué sorpresa!* |

11. **Escucha y observa la pronunciación de los diptongos *ue*, *ua*, *ia*, *ie*, *ui*.** 听录音，请注意二重元音*ue*, *ua*, *ia*, *ie*, *ui*的发音。

1. ue
   abuelos   puerta   fuego   bueno   huevo   escuela

2. ua
   agua   cuatro   cuaderno   guantes   cuántos   casualidad

3. ia
   Julia   piano   Asia   Alemania   diablo   estudiante

4. ie
   bien   hielo   viento   tierra   también   quién

5. ui
   Luis   cuidado   ruido

12. **Escucha y rodea los diptongos** *ue*, *ua*, *ia*, *ie*, *ui*, **e intenta dibujar lo que cuenta la oración. Pregunta al/a la profesor/a si no entiendes algunas palabras.** 听录音并圈出双重元音 *ue*, *ua*, *ia*, *ie*, *ui*, 尝试为每个例句配上插图。如有不认识的单词，可以询问老师。

1. ue

   De nuevo puedo comer huevos fritos con jamón.

2. ua

   En esta semana estudio los cuadrados y los cuatro temas.

3. ia

   En la lluvia Julia toca el piano con Emilia.

4. ie

   El nieto de Diego pierde una piedra en la nieve.

5. ui

   Destruida y descuidada está, lo que se dice una ruina.

FÍJATE BIEN	Fonética

二重元音

二重元音由一个强元音（a, e, o）和一个弱元音（i, u）或两个弱元音组成。

◆ 二重元音和它前面的辅音构成一个音节。例如：

es-cue-la, pia-no, au-to-es-ti-ma, vein-te, deu-da

◆ 两个强元音在一起不构成二重元音，它们分属不同的音节。例如：

fe-o, cha-o, bar-ba-co-a

A practicar

13. **Completa con los adjetivos posesivos correctos.** 写出正确的物主形容词。

(Yo)	........*mi*........	hermano
(Tú y tu marido)	....	nuera
(Pablo)	....	tíos
(Usted)	....	cuñada
(Tú)	....	prima
(Vosotros)	....	padres
(Eva y Carlos)	....	madre
(Fernanda y Juana)	....	sobrinos
(Mi hermano y yo)	....	abuelos
(Mi yerno)	....	mujer
(Ustedes)	....	nieto
(Vuestro hijo)	....	suegros

14. **Enseña una foto de tu familia a tu compañero/a. Explícale quién es, cómo es y a qué se dedica cada uno de tus familiares.** 向你的同学展示一张你的家庭照，并向他（她）解释照片中的每个人是谁，外表如何，从事什么职业。

Ejemplo:
● *Mira, una foto de mi familia.*
○ *A ver.*
● *Esta es...*
○ *¡Qué guapa! Y este, ¿quién es?*
...

15. **Subraya los diptongos en las siguientes palabras. Escucha y comprueba.**
在以下单词中划出二重元音。听录音并验证答案。

f<u>ue</u>go	estatua	columpio
huida	aire	individuo
paella	leemos	baobab
dialecto	aceite	deuda
vivienda	farmacia	correo
Lourdes	fauna	ciudad
oasis	estoico	coordinar

16a. **Lee el siguiente texto y decide si las siguientes afirmaciones son falsas (F) o verdaderas (V).** 请阅读以下短文并判断正误，F 代表错误，V 代表正确。

La familia hispana

Cuando una persona de España o Hispanoamérica habla de su familia, no habla solamente de sus padres y de sus hermanos, habla también de sus abuelos, de sus tíos, de sus primos y de otros parientes.

Además, las reuniones familiares son frecuentes. Todos se juntan para celebrar las fiestas más importantes, como los cumpleaños, la Navidad, el Día del Padre y de la Madre. Esos días comen todos en casa o en un restaurante.

Por otro lado, en algunos países de Hispanoamérica es normal celebrar el día que las chicas cumplen quince años. Les hacen muchos regalos y toda la familia y los amigos van a comer a un restaurante.

1. La familia hispana está compuesta de padres e hijos.   F

2. Las familias españolas e hispanoamericanas se reúnen
    muchas veces.

3. En el Día del Padre y de la Madre comen todos en casa o
    en un restaurante.

4. Las chicas hispanoamericanas se casan a los quince años.

16b. Y tú, ¿de quiénes hablas cuando hablas de la familia? 现在来聊一聊你的家庭成员。

Proyecto cultural

17a. Este es Javier Bardem, un actor español muy conocido. Vamos a conocer a su familia, una familia muy relacionada con el cine. Lee las siguientes frases y completa los nombres que faltan en el árbol familiar. 这是西班牙知名演员哈维尔·巴登。我们一起来认识一下他与电影有着深厚渊源的大家庭。请读以下句子，将家谱中缺失的名字补充完整。

Los padres de Javier se llaman Pilar y José Carlos.
El abuelo de Javier es Rafael.
Carlos y Mónica son hermanos de Javier.
Juan Antonio es el tío de Javier.
La hija de Javier se llama Luna.

La familia Bardem

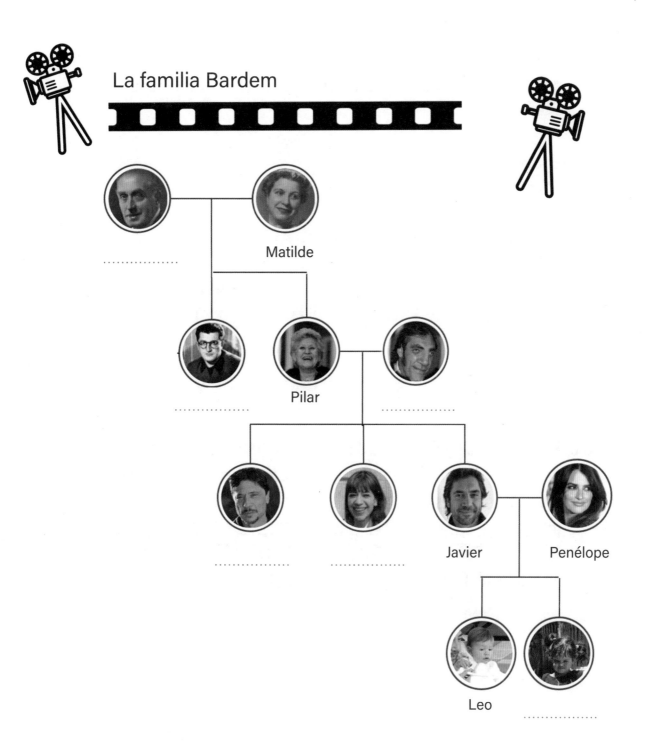

Matilde

....

Pilar

....

Javier   Penélope

Leo   ....

....

17b. Busca información en Internet sobre la relación de los integrantes adultos de la familia Bardem con el cine. 请上网查找巴登家族成年成员与电影的联系。

Ejemplo:
Pilar es actriz.

17c. Penélope Cruz y Javier Bardem son una pareja talentosa de la industria del cine y han trabajado en varias películas. Busca información en Internet sobre las películas y describe el aspecto de los personajes que interpretan. 哈维尔·巴登与妻子佩内洛普·克鲁兹组成了西班牙电影界最强夫妻档。他们曾出演多部电影。请上网查找这些电影的资料并描述他们在影片中扮演的人物造型。

Canta y recita

▶ Abuelito, dime tú

Abuelito, dime tú:
¿Qué sonidos son los que oigo yo?
Abuelito, dime tú:
¿Por qué yo en la nube voy?
Dime ¿por qué huele el aire así?
Dime ¿por qué yo soy tan feliz?
Abuelito,
nunca yo de ti me alejaré.

Abuelito, dime tú:
lo que dice el viento en su canción.
Abuelito, dime tú:

¿por qué llovió, por qué nevó?

Dime ¿por qué todo es blanco?

Dime ¿por qué yo soy tan feliz?

Abuelito,

nunca yo de ti me alejaré.

Abuelito, dime tú:

si el abeto a mí me puede hablar.

Abuelito, dime tú:

¿por qué la luna ya se va?

Dime ¿por qué hasta aquí subí?

Dime ¿por qué yo soy tan feliz?

Abuelito,

nunca yo de ti me alejaré

familia / f. / 家，家庭

gordo, da / adj. / 胖的

casado, da⁺ / adj. / 已婚的，结婚的

jubilado, da / adj. / 退休的

pelo / m. / 头发

corto, ta / adj. / 短的

rizado, da / adj. / 卷的

hijo, ja / m., f. / 儿子，女儿

llevar / tr. / 有，穿戴，带

gafas / f. pl. / 眼镜

soltero, ra⁺ / adj. / 单身的

taxista / m., f. / 出租车司机

bigote⁺ / m. / 髭，小胡子

empresario, ria / m., f. / 企业家

separado, da⁺ / adj. / 分居的

adoptado, da⁺ / p.p. / 被收养的

tío, a / m., f. / 伯，叔，舅；姑，姨，婶

sobrino, na / m., f. / 外甥，侄子；外甥女，侄女

abuelo, la / m., f. / 爷爷，奶奶；外祖父，外祖母

nieto, ta / m., f. / 孙子，孙女；外孙，外孙女

padre / m. / 父亲

Para terminar

COMUNICACIÓN	GRAMÁTICA

COMUNICACIÓN

◆ **Para hablar del aspecto físico de una persona (2):** Tiene los ojos negros/la nariz recta/el pelo largo. Lleva gafas/barba/coleta...

◆ **Para hablar de las relaciones familiares:** Es mi padre/madre/abuelo/abuela/hermano/hermana. Es hijo/hija/primo/prima/sobrino/sobrina de Lucía.

◆ **Para preguntar y decir la profesión:**
  ✓ —¿A qué te dedicas? —Soy taxista.
  ✓ —¿En qué trabaja usted? —Soy profesora.

◆ **Para hablar del estado civil:** Está soltero/casado/separado. Es viudo.

GRAMÁTICA

◆ **El presente de indicativo de *estar*:** estoy, estás, está, estamos, estáis, están

◆ **El presente de indicativo de *llevar*:** llevo, llevas, lleva, llevamos, lleváis, llevan

◆ **Los adjetivos posesivos:**
  ✓ en singular:
    mi, tu, su, nuestro/a, vuestro/a, su; mío/a, tuyo/a, suyo/a, nuestro/a, vuestro/a, suyo/a
  ✓ en plural:
    mis, tus, sus, nuestros/as, vuestros/as, sus; míos/as, tuyos/as,suyos/as, nuestros/as, vuestros/as, suyos/as

◆ **El interrogativo *quién(es)*:** ¿Quién es ella? ¿Quiénes son tus hermanos?

◆ **La preposición *de*:** Es mujer de Alberto. Soy de China.

◆ **La preposición *a*:** ¿A qué te dedicas?

◆ **La preposición *en*:** ¿En qué trabajas?

◆ **El exclamativo *qué*:**
  ✓ *qué* + adverbio: ¡Qué bien! ¡Qué mal!
  ✓ *qué* + adjetivo: ¡Qué guapa! ¡Qué altos!
  ✓ *qué* + sustantivo: ¡Qué pelo! ¡Qué ojos!

Vocabulario

primo, ma / *m., f.* / 堂兄弟姐妹，表兄弟姐妹

nuera / *f.* / 儿媳妇

hermano, na / *m., f.* / 兄弟姐妹

conocer / *tr.* / 认识

familia de acogida[+] / 寄宿家庭

niño, ña / *m., f.* / 男童，女童

quién, es / *pron.* / 谁，哪几位

ojo / *m.* / 眼睛

negro, gra / *adj.* / 黑色的

como / *adv.* / 像，如同

coleta / *f.* / 辫子

largo, ga / *adj.* / 长的

madre / *f.* / 母亲

dedicarse / *prnl.* / 从事

matemáticas / *f. pl.* / 数学

policía / *f.* / *com.* / 警察

médico, ca / *m., f.* / 医生

allí / *adv.* / 那里

venir / *intr.* / 来

casualidad[+] / *f.* / 巧合

UNIDAD 3   En casa
LECCIÓN 8   UNA CASA BONITA

En esta lección vamos a aprender a:
* describir e identificar una vivienda
* expresar la situación de un lugar, un objeto o una persona

Para ello vamos a aprender:
* los verbos: *haber, tener, estar*
* el adjetivo interrogativo: *cuánto*
* los cuantificadores: *muy*, *un poco*, *bastante*
* los triptongos

EN MI CASA ME GUSTA VIVIR.
PAPÁ Y MAMÁ ME CUIDAN Y **SOY** FELIZ.

Para empezar

1. Escucha y lee. 边听边读。

1. La casa de María está en el centro de Madrid. Tiene tres dormitorios y una cocina muy grande. No tiene terraza, pero hay un balcón muy bonito.

2. La casa de Li Ming está en una ciudad grande de China. Es un piso y tiene tres habitaciones, un salón-comedor, una cocina y dos cuartos de baño. Hay un jardín en el barrio.

2. Escucha la grabación y observa los siguientes dibujos. Di dónde están las personas en cada dibujo. 听录音并观察下图。说出图中这些人物分别在哪里。

Li Ming	Rocío
Cristina	Mariana
José Luis	Miguel

A trabajar

3. **Escucha y lee el siguiente diálogo para observar el uso de los verbos** *haber*, *tener* y *estar*. 边听边读以下对话，并观察动词*haber*，*tener*和*estar*的用法。

1. Mariana: Ven, Li Ming, te voy a enseñar la casa.

   Ming: ¡Qué bien! Gracias.

   Mariana: Pues ya ves que nuestra casa no es muy grande. Aquí está el salón-comedor. Y allí está la cocina.

   Ming: ¡Qué salón tan bonito!

   Mariana: ¿Verdad que sí? En la casa hay tres dormitorios. Un dormitorio es de nosotros, Miguel y yo. Otro es de Mercedes y su hija Julia. Estos días no están en casa. Están en Uruguay de viaje.

2. Mariana: Ven aquí. Mira, esta es tu habitación. Es un poco pequeña pero bastante luminosa.

   Ming: Me parece muy bien. Además está muy limpia.

   Mariana: Bueno. También hay una terraza. Ven conmigo.

   Ming: ¡Es preciosa! Hay muchas flores. ¡Qué bonitas!

   Mariana: Gracias. Es mi lugar favorito.

   Ming: Por cierto, ¿cuántos cuartos de baño tiene esta casa?

   Mariana: Ah, sí, los baños. Hay dos cuartos de baño. Uno de ellos está muy cerca de tu cuarto. Es más pequeño. Hay una ducha en él.

   Ming: Entonces tengo de todo en esta casa. Muchas gracias, Mariana. Tiene usted una casa maravillosa.

   Mariana: De nada, hijo. Estás en tu casa.

4. Completa las siguientes oraciones con las formas adecuadas de *haber* y *tener*. Escucha y comprueba. 用*haber*和*tener*的适当形式完成下列句子。听录音,验证答案。

1. En la casa _____ un salón-comedor y una cocina.
2. La casa _____ tres dormitorios.
3. Mariana _____ muchas flores muy bonitas en la terraza.
4. Esta casa _____ dos cuartos de baño.

5. Observa las oraciones con *estar* en el texto y relaciona las palabras de la izquierda con las de la derecha con las formas adecuadas de *estar*. 观察课文中带有*estar*的句子,将左边词汇与右边词汇用*estar*的适当形式联系起来。

Ejemplo: La cocina está allí.

El cuarto de baño • • en la terraza

La cocina • • limpia

Las flores • • aquí

La habitación de Li Ming • • en Uruguay

El salón-comedor • • allí

Mercedes y Julia • • cerca del dormitorio de Li Ming

FÍJATE BIEN — Gramática

动词 **estar**
◆ 表示方位。
*Mi casa **está** en el centro de Madrid.*

◆ 表示事物的状态和情况。
*La habitación **está** limpia.*

6. **Las siguientes 4 preguntas están mal hechas porque la primera palabra está en una pregunta equivocada. Ponlas en su lugar correcto. Escucha la grabación y comprueba.** 下面四个问题的第一个单词放错了位置，请将它们放回正确的位置。听录音，验证答案。

1. *¿Cuánto* habitaciones hay en la casa de María?
2. *¿Cuántas* tiempo tenemos para ver la tele?
3. *¿Cuánta* libros hay en su mochila?
4. *¿Cuántos* agua hay en el mar?

> **FÍJATE BIEN** Gramática
>
> 疑问词 cuánto/a(s)
> ¿cuánto? ¿cuánta? ¿cuántos? ¿cuántas?
> 应与所修饰的名字保持性数一致。
> *¿Cuánto dinero...?*
> *¿Cuántos cuadernos...?*
> *¿Cuánta leche...?*
> *¿Cuántas plumas...?*

7. **Observa los dibujos y completa con *un poco*, *bastante*, *muy* las oraciones.** 观察下列图片，将 *un poco, bastante, muy* 填入合适的句子。

La habitación está .... sucia.   La habitación está .... sucia.   La habitación está .... sucia.

> **FÍJATE BIEN** Gramática
>
> 程度副词 muy, bastante, un poco
> 程度副词用来充当修饰词，表示所修饰的形容词程度如何。
> *Soy **muy** alto.*
> *Soy **bastante** alto.*
> *Soy **un poco** alto.* (un poco 只用于修饰带有否定意味的形容词。)
> 程度副词也可用于修饰副词。
> *Mi casa está **bastante** cerca de la escuela.*

8. **Escucha y observa la pronunciación de los triptongos.** 听录音，请注意
三重元音的发音。

---

1. uay

Paraguay

Uruguay

---

2. uey

buey

FÍJATE BIEN	Fonética

三重元音
两个弱元音和一个强元音在一起构成三重元音
（强元音位于两个弱元音之间）。三重元音和它前
面的辅音构成一个音节。西语中的三重元音有：

iai	a-li-viáis
iau	miau
iei	fiéis
ioi	dioi-co
uau	guau
uai (y)	U-ru-guay
uei (y)	buey

---

3. uei

averigüéis

◄ A practicar

9. **Observa los tres planos y descríbelos utilizando *haber* y *estar*. Escucha cómo Emilia describe su casa y señala a cuál de los planos corresponde.** 请观察以下三张平面图，并用*haber*和*estar*描述每套住宅。听Emilia描述她的家并指出对应的是哪张图。

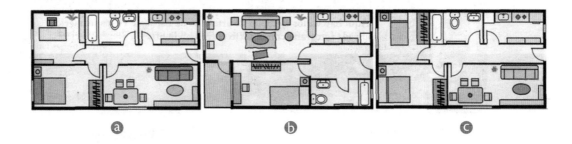

         ⓐ   ⓑ   ⓒ

10. **Dibuja en el espacio siguiente un plano de tu propia casa y explícale a tu compañero/a dónde está situada, cómo es, cuántas habitaciones tiene, etc.** 在下面的框中画出你家的平面图，并向你的同学介绍它在哪里，是什么样的，有哪些房间等。

11. Rodea en la siguiente tabla las palabras que contienen triptongo. Escucha y comprueba. 在下表中圈出含有三重元音的词，并听录音验证答案。

lleguéis	cacahuey	dioico	evaluáis
guau	cacahuete	guiais	limpiéis
aguasteis	atestigüéis	dejéis	alguien
comenzarías	miau	acerquéis	maguey

12a. Lee los siguientes textos y relaciona los textos con las fotos. 阅读以下短文，并将文章和图片联系起来。

1

Casa museo Salvador Dalí (Cadaqués, Gerona)

Es una casa de pescadores con forma de laberinto. Tiene pasillos estrechos y caminos sin salida.
La decoración es rara. Hay obras de arte (del pintor), objetos rusos (de su mujer, Gala), animales disecados...

....

2

La casa azul o Museo Frida Kahlo (Coyoacán, Ciudad de México)

Hoy es un museo. Se puede ver su habitación y muchos objetos personales de la pintora mexicana: su cama, sus vestidos, sus libros... También se pueden encontrar sus obras más famosas y los objetos de arte de Diego Rivera (esposo de Frida Kahlo).

....

12b. **¿Has visitado en China alguna casa especial? Comenta brevemente a tus compañeros cómo es.** 你在中国造访过有特色的房子吗？向你的同学们简单描述它的样子。

Proyecto cultural

13a. Mira el video y describe el piso donde viven la niña y su familia. 看视频并描述小女孩和家人居住的公寓。

13b. ¿Sabes distinguir entre un *piso*, un *apartamento*, una *casa* y un *chalet*, denominaciones de distintos tipos de vivienda en España? Busca información en Internet e intenta explicar las diferencias. ¿Cuál te gusta más para vivir? Y, ¿por qué? 你会区分*piso, apartamento, casa*和*chalet*吗？在西班牙不同的住宅类型有不同的叫法。请在网上查找资料并试着解释它们的区别。你最喜欢住哪一种？为什么？

13c. ¿Qué tipos de vivienda hay en China? ¿Dónde vives ahora? ¿Las viviendas en España son diferentes de las que tú conoces? 中国有哪些住宅类型？你住在什么类型的住宅里？西班牙的住宅和你所了解的有什么不同吗？

Canta y recita

 **Mi casa**

Vivo en mi casa con mi familia.
Es una casa grande y bonita.
En mi casa me gusta vivir.
Papá y mamá me cuidan
y soy feliz.
Leo mis cuentos en el salón.
Juego y descanso en mi habitación.

En mi casa me gusta vivir.
Papá y mamá me cuidan
y soy feliz.

casa	/ f. /	家,房子	habitación	/ f. /	房间
centro	/ m. /	中心	salón	/ m. /	客厅
dormitorio	/ m. /	卧室	comedor	/ m. /	饭厅
cocina	/ f. /	厨房	cuarto de baño		卫生间
terraza	/ f. /	露台	jardín	/ m. /	花园
balcón	/ m. /	阳台	barrio	/ m. /	街区
bonito, ta	/ adj. /	漂亮的	Ven.+	/	来。
ciudad	/ f. /	城市	enseñar	/ tr. /	展示
piso	/ m. /	公寓	Uruguay	/ n. pr. /	乌拉圭

Para terminar

COMUNICACIÓN

◆ **Para describir una vivienda:**
- ✓ su situación: Mi casa está en el centro de la ciudad.
- ✓ las partes que tiene: Tiene tres dormitorios, dos cuartos de baño, una cocina, un salón-comedor y un balcón. En mi casa hay tres dormitorios.

◆ **Para expresar la situación:**
- ✓ de un lugar: Aquí está el salón-comedor.
- ✓ de un objeto: Las flores están en la terraza.
- ✓ de una persona: Mercedes y Julia no están en casa.

GRAMÁTICA

◆ **Los verbos *haber* y *tener*:** En la casa hay tres dormitorios. La casa tiene tres dormitorios.

◆ **El uso del verbo *estar*:**
- ✓ la localización en el espacio: La cocina está allí.
- ✓ la situación o condición temporal: La habitación está muy limpia.

◆ **El adjetivo interrogativo *cuánto/a(s)*:** ¿Cuánto dinero tienes? ¿Cuántos cuartos de baño tiene esta casa?

◆ **Los cuantificadores *muy*, *un poco*, *bastante*:** Mi habitación es un poco/bastante/muy pequeña.

Vocabulario

viaje / *m.* / 旅行

pequeño, ña / *adj.* / 小的

luminoso, sa[+] / *adj.* / 明亮的

parecer / *intr.* / 使觉得，使认为

además / *adv.* / 另外

limpio, pia / *adj.* / 干净的

Ven conmigo.[+] / 跟我来。

precioso, sa / *adj.* / 漂亮的

flor / *f.* / 花

lugar / *m.* / 地方

favorito, ta / *adj.* / 喜爱的

cerca / *adv.* / 近

cuarto / *m.* / 房间

ducha[+] / *f.* / 淋浴设备

todo, da / *pron.* / *m., f.* / 整体，一切；所有的

maravilloso, sa / *adj.* / 极好的

sucio, cia / *adj* / 脏的

UNIDAD 3   En casa

LECCIÓN 9   ES MI HABITACIÓN

En esta lección vamos a aprender a:

- describir la ubicación
- dar información sobre la utilidad de un objeto
- preguntar y decir el color de un objeto

Para ello vamos a aprender:

- las expresiones de lugar
- los adjetivos y los pronombres demostrativos
- los colores: género y número
- la preposición: *para*
- los grupos consonánticos (1)

ROJO, NARANJA, AMARILLO, VERDE, AZUL, AÑIL Y VIOLETA FORMAN EL ARCO IRIS.

Para empezar

1. Escucha y lee. 边听边读。

1. Está sobre la mesa de estudio.
   Es de color blanco.

2. Está a la izquierda de la mesa de
   estudio.
   Es de color marrón y tiene tres cajas.

3. Está junto a la mesa de estudio.
   Es azul.

4. Está al lado de la estantería.
   Sirve para poner cosas.

2. Ahora pregunta al/a la profesor/a el significado de las siguientes palabras y busca los 4 objetos de los que hablan las oraciones del ejercicio 1. 现在请你向老师询问下列单词的意思，并且从中找出练习1中提到的四件物品。

Ejemplo: El ordenador está sobre la mesa de estudio.
         Es de color blanco.

La mesa de estudio	La pared
La mesilla	La puerta
El sofá cama	La silla
La estantería	

3. Escucha y completa las siguientes frases de ubicación. 听录音，将下列方位词组补充完整。

1. d_ _ant_ de

2. d_tr_s de

3. s_br_ / _nc_ma de

4. d_ba_o de

5. a la iz_ _ier_a de

6. a la dere_ _a de

7. c_ _ca de / j_nt_ a / al l_d_ de

8. l_j_s de

9. en _ _e

10. _ _ ent_ a / en_ _ent_ de

11. d_ _tr_ de

12. f_ _ra de

FÍJATE BIEN   Expresión

方位

estar {
  dentro
  fuera
  a la izquierda
  a la derecha
  al lado
  lejos
  cerca
  delante
  detrás
  encima
  debajo
  enfrente
} de

estar {
  junto
  frente
} a

estar {
  sobre
  entre
}

介词和冠词缩合
de + el = del
a + el = al

A trabajar

4. Escucha y lee el siguiente diálogo para observar el uso de las frases de ubicación y los adjetivos demostrativos. 边听边读以下对话，并观察方位词组和指示形容词的用法。

Miguel: Oye, Ming, ¿buscas algo?

Ming:　Sí. Necesito un destornillador para arreglar el ratón de mi ordenador. Está estropeado.

Miguel: Creo que hay uno en esta habitación. A ver, ¿no está dentro del primer cajón de la mesilla?

Ming:　No, en aquel cajón no hay nada.

Miguel: ¿Y ves que hay tres cajas debajo de la estantería? Quizás está en una de ellas.

Ming:　Pues… en esta caja de color verde, no.

Miguel: ¿En esa caja roja?

Ming:　Pero hay dos cajas rojas.

Miguel: En la caja que está a la derecha de la verde.

Ming:　Sí, aquí está. ¿Es este destornillador rojo?

Miguel: Sí, es ese. Bueno, ¿necesitas ayuda?

Ming:　No, ya está bien. Muchas gracias.

5. Ahora fíjate en las frases de ubicación en el diálogo del ejercicio 4 e indica dónde está la caja en la que se encuentra el destornillador. 现在根据练习4对话中的方位词组，指出螺丝刀所在的盒子在哪里。

6. Completa las siguientes oraciones con adjetivos demostrativos. Escucha y comprueba. 用指示形容词完成句子。听录音，验证答案。

1. ● ¿Esta silla es de David?

   ○ No, esta no es de David. (Aquel) _____ silla es de David.

2. ● ¿Son aquellos libros interesantes?

   ○ No, aquellos no son interesantes. (Este) _____ libros son muy interesantes.

3. ● ¡Qué bonita es (ese) _____ mochila que tienes!

   ○ ¿Cuál? ¿(Este)_____? No es mi mochila. Es de Julia.

FÍJATE BIEN   Gramática

指示形容词和指示代词

	单数		复数	
	阳性	阴性	阳性	阴性
距离讲话人近	este	esta	estos	estas
距离听者近	ese	esa	esos	esas
距离讲话人和听者都远	aquel	aquella	aquellos	aquellas

为避免重复，指示形容词可省去后面的名词，成为提示代词。

Este destornillador es pequeño. **Ese destornillador** *es grande.*

↓

Este destornillador es pequeño. **Ese** *es grande.*

7a. Escucha y lee. Luego completa las palabras de colores. 边听边读，并且将表示颜色的词补充完整。

¿De qué color es (son)...?

El mar es azu__.

Los árboles son verd__ __.

Las nubes son
blanc_ _.

Los tomates son
roj_ _.

Los plátanos son
amarill_ _.

La noche es
negr_.

El humo es
gri_.

El chocolate es
marr_ _.

	FÍJATE BIEN	Expresión

颜色

● ¿De qué color es (son)...?
○ Es (son)...

	阳性	阴性
单数	blanco rojo negro amarillo verde azul gris marrón	blanca roja negra amarilla verde azul gris marrón
复数	blancos rojos negros amarillos verdes azules grises marrones	blancas rojas negras amarillas verdes azules grises marrones

也可以这样回答:

○ Es (son) de color blanco/rojo/verde/
   marrón...

7b. Ahora, comenta con tus compañeros, ¿de qué color es el español? 现
在请你和同学讨论,你心目中的西班牙语是什么颜色的呢?

Ejemplo:
● *Creo que el español es rojo. Tiene pasión.*
○ *Para mí, es amarillo. La portada del libro de*
   español es amarillo.

8. **¿Para qué sirven los objetos en las siguientes fotos? ¿Dónde deben estar colocados? Escucha e intenta completar la siguiente tabla.** 下图中的这些物品是用来做什么的？它们被放置在家里的什么地方？听录音，尝试完成下列表格。

Ejemplo: ● *Esta cama, en la habitación de la niña.*
　　　　 ○ *Vale, y esta lavadora, ¿dónde?*

el frigorífico

la ducha

el televisor

la lavadora

FÍJATE BIEN　Gramática

介词 **para**

*El destornillador sirve **para** arreglar cosas pequeñas.*

*Estudio español **para** hablar con los hispanohablantes.*

el sofá

la cama

la estantería

Objeto	Está...	Sirve para...
El sofá	en la sala de estar	descansar
	en el estudio	poner libros
El televisor		ver la tele
	en el aseo	ducharse
		dormir
El frigorífico		guardar comida
		lavar ropa

9. Escucha y observa la pronunciación de los grupos consonánticos. 听录音，请注意辅音连缀的发音。

bl   br

bla ble bli blo blu
bra bre bri bro bru
Li Ming lee un libro
en la biblioteca.

cl   cr

cla cle cli clo clu
cra cre cri cro cru
Cristina escribe una
carta con el teclado.

dr   tr

dra dre dri dro dru
tra tre tri tro tru
El dromedario mira
las estrellas.

 10. Escucha y rodea los grupos consonánticos. 听录音，并圈出辅音连缀。

1. *bl, br*

Querido Blas:
Estoy en mi pueblo. Hay mucha niebla y hace mucho viento.
Siempre llevo el abrigo abrochado.
Un abrazo,
Gabriel

2. *cl, cr*

Cristina le pone crema de sol a su amiga Clara.

3. *dr, tr*

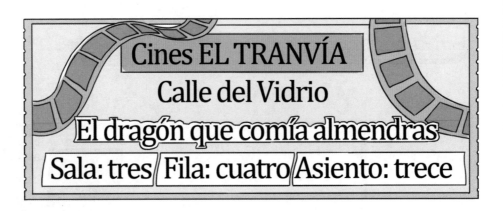

Cines EL TRANVÍA
Calle del Vidrio
El dragón que comía almendras
Sala: tres Fila: cuatro Asiento: trece

A practicar

11. En parejas, buscad las 8 diferencias que hay entre las dos habitaciones.
两人一组在以下两图中寻找八处不同。

A   B

Ejemplo:
En el dibujo A, la guitarra está encima de la cama.
En el dibujo B, la guitarra está encima del armario.

12. Practica oralmente los adjetivos demostrativos, pronombres demostrativos y colores siguiendo el ejemplo. 参照范例口头练习指示形容词、指示代词和表示颜色的词。

Ejemplo: Este libro es azul. Esos son verdes.

13. **Escucha y completa las siguientes palabras con los grupos consonánticos que oigas.** 听录音，并用你听到的辅音连缀将下列词语补充完整。

1. _ _ azo

2. _ _ udo

3. _ _ usa

4. _ _ ama

5. _ _ ima

6. _ _opa

7. San_ _a

8. ca_ _a

9. cho_ _o

10. o_ _e

11. sa_ _e

12. ras_ _o

14a. Lee el siguiente texto. 请阅读以下短文。

Li Ming echa de menos su casa en China. Así describe su habitación favorita:

Mi habitación favorita es el estudio. Es una habitación amplia y luminosa. En el suelo hay una alfombra. Tengo una mesa grande de madera. La ventana está a la derecha de la mesa. Encima de la mesa siempre hay muchas cosas: papeles, bolígrafos, revistas, libros. Los periódicos están siempre en el cajón. El ordenador está en un mueble especial, a la izquierda de la mesa. Al lado del ordenador hay una estantería y cerca de la estantería, exactamente entre la estantería y la puerta, hay una planta verde y enorme.

14b. ¿Cómo es tu habitación favorita? Preséntasela a tus compañeros. 你最喜欢的房间是什么样的？向你的同学们介绍一下吧。

Proyecto cultural

15a. Muchos de los objetos que utilizamos hoy en día fueron creados por los hispanos. Aquí te presentamos seis inventos que han dado la vuelta al mundo. ¿Sabes cómo se llama cada uno en español? Relaciona las palabras con las imágenes. 许多我们如今使用的物件出自西语国家人士之手。以下我们就向你介绍六件享誉世界的发明。你知道它们用西语怎么说吗？请将单词和照片联系起来。

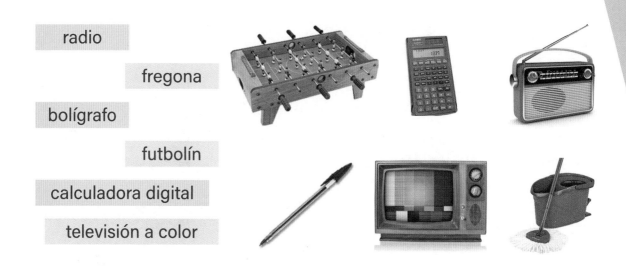

radio

fregona

bolígrafo

futbolín

calculadora digital

televisión a color

15b. Busca en Internet el nombre y la nacionalidad del inventor de los objetos de la actividad anterior. ¿Conoces otros inventos hispanos? 请在网上查找上一题物件的发明人以及发明人的国籍。你知道西语国家还有什么发明创造吗？

Ejemplo:
El inventor del futbolín se llama Alejandro Campos Ramírez. Es español.

15c. Piensa en un invento que te parezca importante. Descríbelo (su color, ubicación y uso) para que tus compañeros adivinen de qué se trata. 想一件你认为重要的发明。你来描述（它的颜色、方位和用途），请你的同学们猜。

Canta y recita

▶ La canción de los colores del arco iris

Rojo, naranja, amarillo,
verde, azul, añil
y violeta forman el arco iris.

[¡Cantémosla otra vez!]

Rojo, naranja, amarillo,
verde, azul, añil
y violeta forman el arco iris.

[¡Cantémosla otra vez!]

Rojo, naranja, amarillo,
verde, azul, añil
y violeta forman el arco iris.

sobre / *prep.* / 在上面
estudio / *m.* / 学习；书房
color / *m.* / 颜色
blanco, ca / *adj.* / 白色的
a la izquierda / 在左边
marrón / *adj.* / 棕色的
caja / *f.* / 盒子
junto a / 在近旁
azul / *adj.* / 蓝色
al lado de / 在……旁边
estantería / *f.* / 架式家具，带隔板的

家具
servir / *intr.* / 能用，适用
para / *prep.* / 为了
poner / *tr.* / 放，摆
cosa / *f.* / 东西
sofá⁺ / *m.* / 沙发
delante⁺ / *adv.* / 在前面
detrás⁺ / *adv.* / 在后面
encima⁺ / *adv.* / 在上面
debajo / *adv.* / 在下面
a la derecha / 在右边

Para terminar

COMUNICACIÓN	GRAMÁTICA

◆ **Para describir la ubicación:** estar dentro de/fuera de/a la izquierda de/a la derecha de/al lado de/lejos de/cerca de/delante de/detrás de/encima de/debajo de/enfrente de/junto a/frente a/en/sobre/entre...

◆ **Para dar información sobre la utilidad de un objeto:** Sirve para poner cosas.

◆ **Para preguntar y decir el color de un objeto:**
✓ —¿De qué color es la silla? —Es blanca/roja/negra/amarilla/verde/azul/gris/marrón.
O: Es de color blanco/rojo/negro/amarillo/verde/azul/gris/marrón.

◆ **Los adjetivos y pronombres demostrativos:**
✓ en singular: este/a, ese/a, aquel/lla
✓ en plural: estos/as, esos/as, aquellos/llas

◆ **La preposición *para*:**
✓ utilidad de algo: El sofá sirve para descansar.
✓ finalidad de una acción: Necesito un destornillador para arreglar el ratón.

Vocabulario

lejos[+] / *adv.* / 遥远；久远
enfrente / *adv.* / 在对面
dentro / *adv.* / 在里面
buscar / *tr.* / 找
algo / *pron.* / *adv.* / 某物；有点儿，稍微
necesitar / *tr.* / 需要
destornillador[+] / *m.* / 螺丝刀
arreglar / *tr.* / 修理
ratón[+] / *m.* / 鼠标
estropeado, da[+] / *p.p.* / 坏的

creer / *tr.* / 认为
cajón / *m.* / 抽屉
mesilla / *f.* / 床头柜
verde / *adj.* / 绿色的
rojo, ja / *adj.* / 红色的
ayuda / *f.* / 帮助
amarillo, lla[+] / *adj.* / 黄色的
gris[+] / *adj.* / 灰色的

AUTOEVALUACIÓN

1. **Escucha e identifica la situación.** 听录音并找出与每个对话相应的场景。

1. ....

2. ....

3. ....

4. ....

Total: ..../4 puntos

2. **Busca el intruso.** 找出 "不合群" 的词。

1.
> mexicano
> argentino
> encantado
> cubano

2.
> silla
> palabra
> pizarra
> mesa

3.
> mapa
> pregunta
> sala
> página

4.
tía
padre
amigo
sobrina

5.
casado
separado
adoptado
soltero

6.
alto
divertido
simpático
alegre

7.
gafas
pelo
nariz
ojo

8.
cocina
terraza
dormitorio
barrio

9.
rojo
amarillo
rubio
azul

10.
lejos
fuera
entre
detrás

Total: ..../10 puntos

3. Elige el artículo más adecuado. 选出适当的冠词。

1. El/Un ordenador está en mi dormitorio.

2. En mi clase hay los/unos carteles en español.

3. El/Un señor González tiene la/una hija.

4. Las/Unas gafas están al lado de una/la calculadora.

5. ¿Tienes la/una dirección de Sara?

6. Luis es el/un hermano mayor.

7. En la/una habitación hay el/un hombre muy alto.

Total: ..../10 puntos

4. Escucha y marca el número que oigas. 听录音，圈出你听到的数字。

1	2	3	4	5	6	7	8	9	10
15	35	38	66	99	58	11	19	16	28
50	53	18	76	49	48	21	90	17	82

Total: _____ /10 puntos

5. En cada frase hay un error. Encuéntralo y corrígelo. 每句中有一个错误，找到并纠正它。

1. ¡Buenas días, señor Martínez!

....

2. Me llamo Mary y soy inglés.

....

3. El piso tiene un balcón mucho grande.

....

4. ¿De dónde sois ustedes?

....

5. Este es Lucía, nuestra prima.

....

6. ¿Cuánto es tu número de teléfono?

....

7. Te presento la profesora Jiménez.

....

8. ¿Cómo pronuncia esta palabra?

   ....

9. ¿Puedes escribir en bolígrafo?

   ....

10. No entiendo, ¿qué es este?

    ....

Total: ..../10 puntos

6. **Mira este dibujo de una familia en el campo. Luego lee las frases y señala si son verdaderas o falsas.** 请看下图中在郊外的一家人。阅读句子并判断正误。

	V	F
1. La madre está entre el padre y el abuelo.	☐	☐
2. El perro y el niño están a la derecha del árbol.	☐	☐
3. La abuela está detrás del abuelo.	☐	☐
4. El niño está al lado del árbol.	☐	☐
5. El perro está debajo del periódico.	☐	☐
6. La niña está a la izquierda del balón.	☐	☐

Total: ..../6 puntos

Total: ..../50 puntos

NOTAS